Peter Stadelmann

Erlebnis Aquarium

Kinder gestalten und beobachten

Mit Farbfotos bekannter
Aquaristik-Fotografen

Zeichnungen:
Peter Fischer

GU GRÄFE UND UNZER

Inhalt

Vorhergehende Doppelseite:
Im Schwarm fühlen sich die prächtig gefärbten Blutsalmler sichtlich wohl.

Das Schmetterlingsbuntbarsch-Paar bewacht und pflegt sein Gelege.

Vorwort

Die schillernde Farbenpracht der Fische, ihr faszinierendes Verhalten und
die Möglichkeit zu spannenden Beob-
achtungen – alles gute Gründe, sich ein
Aquarium anzuschaffen. Damit Du lange Freude mit Deinem ersten Aquarium hast und Pflanzen und Fische sich
bei Dir richtig wohlfühlen, gibt Dir dieser GU Aquarien-Ratgeber alle notwendigen Hinweise zum Einrichten
und Pflegen.
Aquarien-Experte Peter Stadelmann
erklärt leicht verständlich, welche Ausrüstung Du brauchst, und stellt beliebe-
te Fische vor, die leicht zu pflegen sind.
In Besetzungsvorschlägen nennt er
Fischarten, die sich gut miteinander
vertragen, und Pflanzen, die sich gut
für Dein Aquarium eignen. Außerdem
erfährst Du, was Deine Fische zum
Fressen brauchen und was Du tun
kannst, wenn sie einmal krank werden.
Dazu gibt es Tips zum Beobachten, Basteln und Experimentieren. Ein kleines
Lexikon erklärt wichtige Fachbegriffe.
PRAXIS-Seiten zeigen Dir Schritt für
Schritt, wie Du Dein Aquarium einrich-
test und pflegst, wie Du beim Kauf der
Fische richtig vorgehst und wie Du Dei-
ne Fische gesund fütterst.
Brilliante Fotos bekannter Aquarien-
Fotografen geben einen faszinierenden
Einblick in die Wasserwelt. Die an-
schaulichen Zeichnungen von Peter
Fischer zeigen Einzelheiten zur Technik
am Aquarium sowie zum Aussehen
und Verhalten vieler Fischarten.
Viel Freude mit Deinem ersten Aquari-
um wünschen Dir der Autor und die
GU Naturbuch-Redaktion.

Bitte beachten:
Wichtige Hinweise
an die Eltern auf
Seite 63.

Die Ausstattung des Aquariums

Ein Aquarium ist eine kleine bunte Welt für sich: Ein Schaufenster, das Dir einen Blick in den Teil eines Flusses oder eines Sees in der freien Natur gewährt. Da im Aquarium Tiere und Pflanzen leben, brauchen sie Deine Pflege und Fürsorge. Als richtiger Aquarianer, der Du ja mit der Anschaffung eines Aquariums werden willst, bist Du dafür zuständig, daß sich die Fische in ihrer Umgebung wohl fühlen und nicht krank werden.

Die richtige Grundausstattung: Sicher kannst Du es kaum erwarten, Deine Fische auszusuchen. Aber Du brauchst zuerst eine Grundausstattung, um den Fischen ein »gemütliches Heim« einzurichten. Erst zum Schluß, wenn Dein Aquarium schon komplett eingerichtet ist, holst du Dir die Fische. Die gesamte Ausstattung erhältst Du beim Zoofachhändler. Er kann Dich sachkundig beraten und auf Deine besonderen Wünsche eingehen. Ein paar gute Tips extra hat er sicher auch noch für Dich parat, mit denen er Dir den Start ins »Aquarianer-Leben« erleichtert.

Das richtige Becken

Als Anfängeraquarium empfehle ich Dir ein rechteckiges Becken ganz aus Glas. Es sollte 60 cm lang, 30 cm tief und 30 cm hoch sein. Da passen 54 Liter Wasser hinein. Ob Du es mit oder ohne Zierleisten kaufst, bleibt Dir überlassen. Mit Zierleisten unten sieht es besser aus. Ohne Zierleisten muß es auf einer dünnen Styroporplatte stehen (→ Seite 14). Alle meine Vorschläge zur Einrichtung und Dekoration, zu den Pflanzen und Fischen habe ich auf diese Beckengröße abgestimmt. Du kannst also davon ausgehen, daß alles, was Du hier in diesem Buch findest, genau für Dein Becken paßt.

Beleuchtung

Licht für Fische und Pflanzen: Du mußt Dein Aquarium künstlich beleuchten, denn das Tageslicht, das in Dein Zimmer kommt, reicht dafür nicht aus. Das künstliche Licht ersetzt die Sonne draußen. Da die meisten Aquarienfische aus tropischen Ländern stammen, in denen es das ganze Jahr über gleichmäßig 12 bis 14 Stunden lang hell bleibt, benötigen sie auch im Aquarium mindestens 12 »Sonnenstunden« am Tag, um sich wohlzufühlen. Pflanzen brauchen Licht zum Assimilieren (→ Lexikon, Seite 58).

Beleuchtung in der Abdeckung: Ich empfehle Dir, das Aquarium über eine Vollabdeckung zu beleuchten. Sie wird einfach auf das Aquarium aufgesetzt und enthält eine Leuchtstoffröhre. Ich rate Dir zu einer Röhre, die mit einem warmen, leicht gelblichen Farbton leuchtet, am besten in der Lichtfarbe 41 (der Farbton ist auf der Verpackung angegeben). Er läßt die Pflanzen auf kurzen Stielen buschig wachsen und gibt ihnen eine satte grüne Farbe. Von einer Leuchtstoffröhre mit kaltem violettem Licht rate ich ab. Es läßt die Fische zwar bunter erscheinen, verfälscht aber die Farben. Das Grün der Pflanzen sieht dann bleich aus. Außerdem bewirkt violettes Licht, daß die Pflanzen mit längeren Stengeln und kleineren Blättern wachsen.

Aufmerksam hält der Feuermaul-Buntbarsch Wache, während seine Jungen um ihn herumschwimmen.

Sorgfältig spuckt das Kampffisch-Männchen jedes einzelne Ei ins Schaumnest.

Beleuchtungsdauer: Für Fische und Pflanzen ist es wichtig, daß das Licht am Aquarium jeden Tag gleichmäßig lange brennt. Eine Beleuchtungsdauer von 12 bis 14 Stunden pro Tag entspricht der Tageslänge in den Tropen. Dabei fühlen sich die Fische am wohlsten, und die Pflanzen haben genügend lange Zeit zum Assimilieren (→ Kleines Lexikon, Seite 58). Um zu verhindern, daß Du einmal vergißt, rechtzeitig das Licht einzuschalten, regelst Du es über eine Zeitschaltuhr. Ganz automatisch geht dann jeden Morgen das Licht an und jeden Abend wieder aus – egal, ob Du zu Hause bist oder nicht.

Heizung

Alle Fische (mit Ausnahme der Goldfische, → Seite 26), die ich Dir in diesem Buch empfehle, lieben warmes Wasser. Deshalb mußt Du auch im Aquarium das Wasser heizen, sonst werden Deine Fische krank. Am besten nimmst Du dafür einen elektrischen Stabheizer mit 50 Watt. Er erwärmt das Wasser auf die gewählte Temperatur, die er dann auch konstant hält.

Der Regelheizer: Sehr praktisch ist ein in die Heizung eingebauter Regler, mit dem sich die gewünschte Wassertemperatur leicht einstellen läßt, zum Beispiel auf 25 °C. Wenn die Wassertemperatur einmal um 2 oder 3 °C absinken sollte, weil Du vielleicht einmal bei kühlem Wetter Dein Zimmer nicht geheizt hast, dann schaltet der Regler das Heizgerät im Aquarium ein. Ist die gewünschte Temperatur erreicht, schaltet der Regler die Heizung automatisch wieder aus.

Wichtig: Der 50-Watt-Regelheizer kann nur die Temperatur erhalten, er kann kein kaltes Wasser auf 25 °C hochheizen. Verwende deshalb beim Wasserwechseln (→ Seite 46) immer handwarmes Wasser. Sollte Dein Zimmer während der kalten Jahreszeit nicht jeden Tag geheizt sein, empfehle ich Dir einen leistungsstärkeren Heizer mit höherer Wattzahl. Am besten läßt Du Dich vom Zoohändler beraten.

Thermometer: Damit Du jederzeit überprüfen kannst, ob das Wasser im Aquarium die richtige Temperatur hat, benötigst Du ein Aquarienthermometer (→ Geräte anbringen, Seite 15).

Filter

Damit das Aquarienwasser klar und sauber bleibt und die Fische gesund sind, braucht Dein Aquarium einen Filter. Er saugt das Wasser an und filtert Abfallstoffe wie Kot der Fische oder faulende Futterreste aus dem Wasser.

Filtertypen: Es gibt Innen- und Außenfilter; alle beide halten Dein Aquarium gleich gut sauber. Für Dein kleines Becken empfehle ich Dir einen Innenfilter, der von einer Kreiselpumpe betrieben wird. Er ist einfach zu bedienen und sehr praktisch. Du brauchst ihn nur hinten in einer Ecke des Aquariums zu befestigen, den Stecker einzustecken – und schon läuft er.

Ein Außenfilter wird außerhalb des Aquariums untergebracht, und eignet sich besonders für größere Aquarien.

Funktion des Filters: Der Filter hat mehrere Aufgaben im Aquarium. Er arbeitet in zwei Stufen:

1. Stufe: Mechanische Filterung

Die im Filter eingebaute Kreiselpumpe saugt mit dem Wasser die Abfallstoffe wie Fischkot, Futterreste oder faulende Pflanzenteile in eine feinporige Filtermasse (→ Filtermaterialien, Seite 7) ein. Dort werden sie wie in einem Sieb festgehalten und bei jeder Filterreinigung entfernt (→ Filter pflegen, Seite 44).

2. Stufe: Biologische Filterung

In der Filtermasse leben winzige Bakterien. Sie zersetzen die eingesaugten Abfallstoffe in Teilchen, die von den

Pflanzen als Nährstoffe genutzt werden (→ Pflanzen pflegen, Seite 47). Als Rest bleibt der Mulm (→ Seite 46), der bei der Filterpflege aus der Filtermasse ausgewaschen wird.

Filtermaterialien

Die Filtermasse, die im Filter steckt, kann aus unterschiedlichem Material bestehen.

Schaumstoff-Filter: Als Füllmaterial für Deinen Innenfilter empfehle ich Dir grobporigen Schaumstoff aus dem Zoofachhandel. Er ist lange haltbar und leicht zu pflegen. Sollte er weich werden und seine Form verlieren, kannst Du ihn gegen einen neuen auswechseln (→ Filter pflegen, Seite 44).

Kohlefilter: Die Filterkohle, meist eine spezielle Holzkohle, filtert Stoffe aus Deinem Aquarium, die im Wasser gelöst sind.Wenn Deine Fische krank waren, und Du Medikamente geben mußtest, dann filtert die Kohle die Medizin heraus, wenn Deine Fische wieder gesund sind. Die Wirkung der Filterkohle hält nur einige Tage an. Danach arbeitet sie als mechanische Filtermasse weiter. Da sich keine Bakterien in ihr ansiedeln, filtert sie das Aquarienwasser nicht biologisch. Filterkohle hat zudem keine Poren und daher den großen Nachteil, daß sie sehr schnell verstopft. Da sie auch nützliche Stoffe wie den Pflanzendünger aus dem Wasser holt, darfst Du die Filterkohle nur verwenden, um Medikamentenreste aus dem Wasser zu filtern.

Kohlendioxid-Düngegerät

Da im Aquarium nicht immer genügend Kohlendioxid (Abkürzung CO_2) vorhanden ist, kannst Du mit einem CO_2-Düngegerät Deinen Pflanzen zusätzlich Kohlendioxid zuführen. Sie wachsen dann besser und können mehr Sauerstoff erzeugen (→ Wozu sind die Pflanzen gut, Seite 41). Ich rate Dir zu einem sogenannten CO_2-Diffusor. Dieses Gerät ist einfach zu bedienen und preiswert. Mit einer Sprühflasche füllst Du den Diffusor und bietest so Deinen Pflanzen einen Vorrat an Kohlendioxid an, von dem sie sich über das Wasser immer soviel wegnehmen, wie sie gerade brauchen. Du kannst dabei nichts falsch machen und mußt auch keine Sorge haben, daß einmal zuviel Kohlendioxid in Dein Aquarium gerät.

Sauerstoffpumpe

Eine Sauerstoffpumpe ist sehr nützlich, da Du mit ihr verschiedene Geräte betreiben kannst, zum Beispiel Mulmsauger (→ Seite 46) oder Sprudelstein. Wenn Du einmal Jungfische züchten möchtest, brauchst Du die Pumpe für Dein Zuchtbecken (→ Geburt bei Guppies, Seite 52).

Sprudelstein: Mit ihm kannst Du den Sauerstoffgehalt im Aquarium erhöhen. Der Sprudelstein besteht aus löchrigem Material. Ein Schlauch verbindet die Pumpe mit dem Stein und drückt die

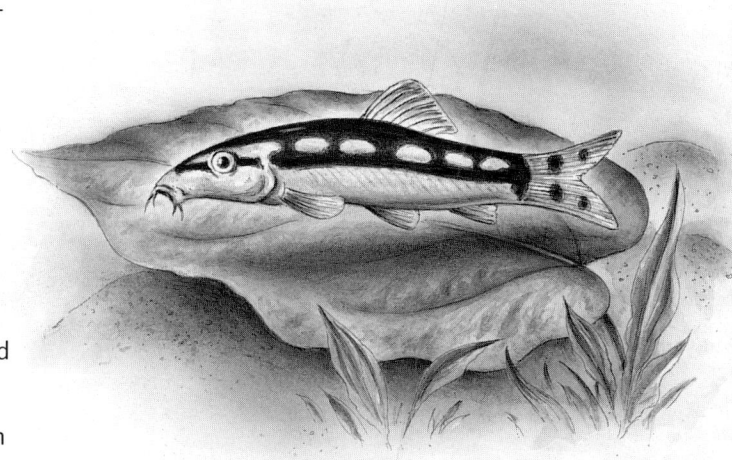

Schachbrettschmerlen stehen gern über großen Blättern.

Luft in vielen kleinen Blasen ins Wasser (→ Zeichnung, Seite 54). Den Sprudelstein darfst Du jedoch nur kurzzeitig verwenden. Sauerstoffblasen schaden den Pflanzen, weil sie das Kohlendioxid aus dem Wasser austreiben, das die Pflanzen dringend zum Wachsen benötigen (→ Was brauchen die Pflanzen, Seite 42).

Schwammfilter für Luftpumpenantrieb: Du verwendest ihn am besten, wenn Du einmal Jungfische aufziehen möchtest. Ein kleiner Schwammfilter (→ Zeichnung, Seite 54) wird wie der Sprudelstein an die Sauerstoffpumpe angeschlossen. Er hat eine sehr gute Filterwirkung, obwohl er nur eine geringe Strömung erzeugt. Auf diese Weise kann es auch nicht passieren, daß die ganz kleinen Jungfische vom Sog in den Filter hineingezogen werden.

Lufthähne

Wenn Du nur den Schwammfilter an die Sauerstoffpumpe anschließt, brauchst Du als erstes nur einen Endhahn. Damit stellst Du die Luftzufuhr so ein, daß die Blasen nicht »blubbern«. Je stärker der Filter »blubbert«, um so schlechter filtert er.

Wenn Du mehrere Geräte gleichzeitig betreiben möchtest, zum Beispiel Schwammfilter und Sprudelstein, brauchst Du für jedes weitere Gerät einen Durchgangshahn zusätzlich. Jeden Hahn, also jede »Zapfstelle«, mußt Du einzeln auf- und zudrehen. Es ist wie beim Wasserhahn. Da gibt es auch für kaltes und warmes Wasser einen extra Hahn.

An der Zeichnung des Zuchtbeckens (→ Seite 54) siehst Du, wie die Anschlüsse mit den verschiedenen Hähnen aussehen. Der Durchgangshahn regelt den Sprudelstein, der Endhahn regelt den Schwammfilter.

Bodengrund und Dekoration

Einen Bodengrund braucht Dein Aquarium, damit die Pflanzen wurzeln und mit Nährstoffen versorgt werden können. Außerdem kannst Du auf den Bodengrund die Dekorationsgegenstände wie Steine und Wurzeln legen.

Bodengrund

Der Bodengrund besteht aus 2 Schichten Kies und einer dazwischenliegenden Schicht Nährboden (→ Seite 14).

Quarzkies ist der ideale Bodengrund. Am besten eignet sich eine Körnung von 3 bis 5 mm. Gröberer Kies eignet sich weniger gut, da er zu viel Schmutz aufnimmt und nur schwer sauberzuhalten ist. Quarzkies ist auch nicht zu hell, denn dann fühlen sich die Fische unwohl. Nimm aber keinen schwarzen Kies. Er schluckt viel Licht, das Deine Pflanzen notwendig brauchen.

Sand eignet sich nur für Fischarten, die gerne vom Boden fressen und im Sand stöbern, wie zum Beispiel Panzerwelse und Barben. Wenn Du diese Arten halten möchtest, kannst Du ihnen einen kleinen Sandbereich im Becken anlegen. Günstig ist ein sandiger Bodengrund auch in einem Zuchtbecken, weil er sich einfach absaugen läßt. Ansonsten ist er für Dein Aquarium eher ungeeignet. Er verdichtet sich leicht, und es fault rasch in ihm. Außerdem wachsen die Pflanzen nicht so gut auf Sand, da sie dort nicht genügend Sauerstoff an den Wurzeln zur Verfügung haben.

Der Nährboden ist mit Stickstoffdünger und anderen Mineralien angereichert. Er versorgt die Aquarienpflanzen mit den notwendigen Stoffen, die sie zum Wachsen brauchen. Beim Einrichten Deines Aquariums verteilst Du den Nährboden als Langzeitdünger auf die untere Kiesschicht (→ Seite 14).

Zum Füttern solltest Du Dir immer Zeit nehmen und Deine Fische dabei aufmerksam beobachten.

Dekoration

Fische brauchen Verstecke, in die sie sich zurückziehen können. Manche Fische (zum Beispiel Buntbarsche) nehmen auch ein Revier in Anspruch, das sie gegen Artgenossen verteidigen. Deshalb solltest Du Dein Aquarium mit Steinen und Wurzeln dekorieren.

<u>Steine:</u> Mit mehreren Steinen kannst Du eine Höhle bauen, die den Fischen Unterschlupf bietet. Geeignet sind nur kalkfreie Gesteine wie Quarz, Granit, roter, grüner und schwarzer Schiefer sowie Lava. Da Du nicht siehst, ob selbst gesammelte Steine Kalk enthalten, solltest Du sie besser beim Zoofachhändler kaufen.

<u>Wurzel:</u> Auch eine Wurzel bietet gute Versteckmöglichkeiten und sieht dekorativ aus. Die Eichenwurzeln aus Mooren, auch Moorkienwurzeln genannt, die Du im Zoohandel erhältst, kannst Du ohne Bedenken verwenden. Aus der Natur entnommene Wurzeln darfst Du nicht ins Aquarium legen, da sie rasch faulen und das Wasser vergiften.

Keramikhöhlen und Tonhöhlen: Manche Pflanzen wachsen gerne auf ihnen. Auch als Verstecke und Bruthöhlen für Fische sind sie bestens geeignet.
Spielzeug: Knallbunte Plastikpflanzen, kleine Burgen, Schlösser, versunkene Schiffe mit Taucher und ähnliches Aquarienspielzeug stört die Fische nicht weiter. Du kannst es als Dekomaterial durchaus verwenden. Bedenke aber, daß »tote« Materialien leicht veralgen (→ Algen bekämpfen, Seite 45). Plastikpflanzen können echte Pflanzen in ihrer Funktion als Sauerstofflieferanten nicht ersetzen. Deshalb mußt Du unbedingt auch lebende Pflanzen in Dein Aquarium einsetzen. Ohne sie kann ein Aquarium nicht funktionieren (→ Wozu sind die Pflanzen gut, Seite 41).

Sonstiges Zubehör für die Pflege
Fischnetze sind nützlich, um Fische herauszufangen oder lose Blätter zu entfernen. Du brauchst ein engmaschiges Netz für Jungfische und ein weitmaschigeres für erwachsene Fische.

Ein Scheibenreiniger dient zum Säubern der Aquarienscheiben (→ Seite 47). Du kannst ihn als Magnetreiniger oder als Klingenreiniger kaufen.
Ein Mulmsauger läßt sich gut zum Reinigen des Bodengrundes einsetzen (→ Seite 46). Er wird von einer Sauerstoffpumpe angetrieben und funktioniert wie ein Staubsauger. Er saugt die Schmutzpartikel vom Kies einfach ab.
Plastikeimer, Schlauch und Gießkanne brauchst Du für den Wasserwechsel. Damit Eimer und Gießkanne nicht für andere Dinge verwendet werden, solltest Du sie beschriften.

Was nicht ins Aquarium gehört
Aus der Natur entnommene Wurzeln, Kalksteine, Meeresmuscheln, frische Kokosnußschalen und bemaltes Spielzeug, dessen Farbe sich im Wasser löst, darfst Du nicht ins Aquarium legen. Diese Gegenstände verändern die Wasserqualität und können Deine Fische vergiften. Auch scharfkantige oder spitze Gegenstände haben im Aquarium nichts verloren, da sich die Fische daran verletzen könnten. Erkundige Dich notfalls beim Zoofachhändler, was Du ins Aquarium legen darfst.

Die Aquarienrückwand
Damit Du im Aquarium die bunten Fische und nicht die bunten Muster Deiner Wandtapete siehst, brauchst Du eine Rückwand für Dein Aquarium, von der sich Fische und Pflanzen gut abheben. Ich rate Dir zu einer Fotorückwand aus dem Zoofachgeschäft. Du kannst auch selbst eine Unterwasserlandschaft malen. Fotorückwand oder Bild mit Klebestreifen außen auf die Rückscheibe kleben.

Fertig eingerichtetes Aquarium:
① *Schaumstoff-Innenfilter,* ② *Regelheizer,* ③ *Thermometer.*
Die Pfeile zeigen die Wasserströmung an.

Pflanzen kaufen

1 bis 2 Tage, bevor Du Dein Aquarium einrichtest, kannst Du die Pflanzen kaufen. Suche sie aber nicht wahllos aus, sondern halte Dich am besten an meinen Bepflanzungsvorschlag (→ Seite 15). Das garantiert, daß Pflanzen und Fische in Deinem Aquarium dann auch gut zueinander passen.

Tips für den Kauf

• Nimm Dir Zeit beim Einkaufen und laß Dich vom Zoofachhändler beraten.
• Laß Dir erklären, wie die technischen Geräte funktionieren, und laß Dir zeigen, wie Du sie im Aquarium anbringst.
• Laß alle Garantiescheine für die Geräte abstempeln und bewahre sie mit dem Kassenzettel gut auf. Zuhause öffnest Du die Originalverpackungen vorsichtig und hebst sie 4 Wochen lang auf. Das ist wichtig, wenn Du etwas reklamieren mußt. Meist gibt es einen Umtausch nur in Originalverpackung mit Kassenzettel und Garantie.

Sicherheit rund ums Aquarium

Wasser in Verbindung mit Strom kann zu gefährlichen Unfällen führen. Deshalb solltest Du beim Kauf der technischen Geräte unbedingt darauf achten, daß sie auch wirklich für den Gebrauch im Aquarium geeignet sind.
• Jedes technische Gerät muß einen Aufkleber mit dem GS- oder VDE -Zeichen (→ Kleines Lexikon, Seite 58) tragen. Diese Buchstaben geben an, daß die Sicherheit des Gerätes von Fachleuten sorgfältig geprüft wurde und daß »bei ordnungsgemäßem Gebrauch« (wie es in der Fachsprache heißt) nichts passieren kann.
• Ziehe immer die Stecker der elektrischen Geräte, bevor Du Reinigungsarbeiten am oder im Aquarium verrichtest.
• Bastle niemals selbst am Becken und an den Geräten herum, wenn es etwas zu reparieren gibt. Alle Reparaturen sollte grundsätzlich nur der Fachmann durchführen.

Einkaufsliste für Dein 60-cm-Aquarium

In dieser Liste findest Du alles, was Du als Grundausstattung benötigst.

1 Ganzglas-Aquarium (60 x 30 x 30 cm), mit oder ohne Zierleisten
1 Styroporplatte, 10 mm dick (nur bei einem Aquarium ohne Zierleisten)
6 Beutel Quarzkies à 2,5 kg (Körnung 3 bis 5 mm, nicht zu hell)
1 Packung Nährboden für 60 Liter
3 rundliche kalkfreie Steine
1 flacher kalkfreier Stein
1 Aquarienwurzel
1 Dose Wasseraufbereitungsmittel
1 Kreiselpumpen-Innenfilter mit Schaumstoff-Filterpatrone

1 Regelheizer (50 Watt) mit Gradeinteilung
1 Aquarienabdeckung mit eingebauter Leuchtstoffröhre (15 Watt; Leuchtfarbe 41)
1 Aquarien-Thermometer
1 Rückwand
1 Schaltuhr für die Beleuchtung
1 Mehrfachstecker
1 Eimer (10 l)
1 Schlauch für den Wasserwechsel, 1,5 m lang, 12 bis 16 mm dick
1 Gießkanne
1 Scheibenreiniger (Magnet- oder Klingenreiniger)
Pflanzen (→ Bepflanzungsvorschlag, Seite 15)

Die Einrichtung des Aquariums

Endlich ist es soweit. Du hast das Becken, die technischen Geräte und die Wasserpflanzen zu Hause. Nun kannst Du an die Einrichtung Deiner kleinen Wasserwelt gehen. Doch auch wenn Du Dich am liebsten sofort darauf stürzen möchtest, wartest Du besser das nächste Wochenende ab, damit Du genügend Zeit hast, das Aquarium in aller Ruhe einzurichten. Nichts ist ärgerlicher, als wenn Du nochmals von vorne anfangen mußt, nur weil Du in der Eile einen Fehler gemacht hast.

Einige Handgriffe zuvor

Bevor Du richtig loslegen kannst, sind noch einige Vorarbeiten nötig. Am besten erledigst Du sie am Tag zuvor, dann kannst Du Dich am nächsten Tag ausschließlich mit dem Einrichten des Aquariums befassen. Und das solltest Du für die Vorarbeiten bereitlegen: 2 Plastikschüsseln, Eimer, Bürste.
Pflanzen vorbereiten: Die Aquarienpflanzen, die Du ja schon vor 1 bis 2 Tagen gekauft hast, legst Du in eine Schüssel mit Wasser (dunkel und kühl aufbewahren), bis Du sie einpflanzt. So halten sie sich frisch. Verwelkte Pflanzen auszupfen und wegwerfen, sie erholen sich nicht wieder.
Becken testen: Prüfe sorgfältig, ob das Becken den Transport gut überstanden hat. Wenn Du auf den ersten Blick keinen Sprung entdeckst, machst Du eine Generalprobe mit Wasser. Stelle das Becken im Bad vorsichtig auf die Styroporplatte und fülle es mit Wasser. Nach kurzer Zeit siehst Du, ob es dicht ist. Sollte es auslaufen, dann bringst

Ein Buntbarsch bei der Brutpflege. Er fächelt den Eiern mit seinen Flossen Sauerstoff zu und paßt auf, daß ihnen kein anderer Fisch zu nahe kommt.

Du es mit Kassenzettel zu Deinem Zoofachhändler, bei dem Du es gekauft hast. Er wird Dir sicher weiterhelfen.
Boden- und Dekomaterial vorbereiten:
• Neue Ton- und Keramikbehälter können, mit klarem Wasser abgespült, sofort verwendet werden. Sie beeinflussen das Wasser nicht. Gebrauchte Blumentöpfe oder ähnliches lieber nicht verwenden. Es könnten ansonsten giftige Stoffe, wie zum Beispiel Blumendünger, ins Aquarienwasser gelangen.
• Die Wurzel reinigst Du gründlich mit einer Bürste unter fließendem Wasser. Dann legst Du sie über Nacht in einen Eimer mit warmem Wasser. Sie wird sich dann mit Wasser vollsaugen und später im Aquarium am Boden liegenbleiben. Falls die Wurzel im Eimer an der Oberfläche schwimmt, beschwerst Du sie mit einem flachen Stein.
• Alle Steine, die Du ins Aquarium legen willst, bürstest Du ebenfalls sorgfältig ab. Klares Wasser genügt dabei vollkommen. Du solltest keine Putzmittel verwenden, denn Reste davon könnten giftig für Dein Aquarienwasser sein.
• Auch den Kies für den Bodengrund mußt Du gründlich waschen. Dazu füllst Du den Kies in eine größere Schüssel, die Du schräg unter fließendes Wasser hältst. Gleichzeitig rührst Du den Kies mit der Hand solange um, bis das überlaufende Wasser klar bleibt. Gib acht, daß kein Kies in den Abfluß gelangt. Er verstopft sehr leicht und ist dann nur sehr schwer wieder zu reinigen.

Leopard-Panzerwelse halten sich am liebsten in Bodennähe auf.

Trockentraining

Solange das Aquarium noch leer ist, kannst Du bequem mit dem Dekomaterial spielen und das Becken zur Probe dekorieren. So siehst Du gleich, ob Dir die geplante Einrichtung auch gefällt. <u>Hinweis:</u> Beim Dekorieren gilt der Grundsatz »Weniger ist mehr«. Die Fische brauchen Platz zum Schwimmen, und manche Pflanzen brauchen Platz, um sich weiter auszubreiten. Deshalb solltest Du nicht den ganzen Boden des Aquariums mit Dekomaterial auslegen.

Das Aquarium in Betrieb nehmen

Wenn Dein Aquarium eingerichtet ist (→ PRAXIS Einrichten, Seite 14 und 15), kannst Du es in Betrieb nehmen. Setze die Abdeckung mit den Leuchtstoffröhren auf das Aquarium, stecke die Gerätestecker in die Steckdose, stelle die Zeitschaltuhr auf einen Beleuchtungsrhythmus von 12 bis 14 Stunden ein und schalte das Licht an. Da steht es dann: Dein erstes eigenes Aquarium. Und es sieht ganz toll aus, wenngleich noch kein einziger Fisch darin schwimmt.

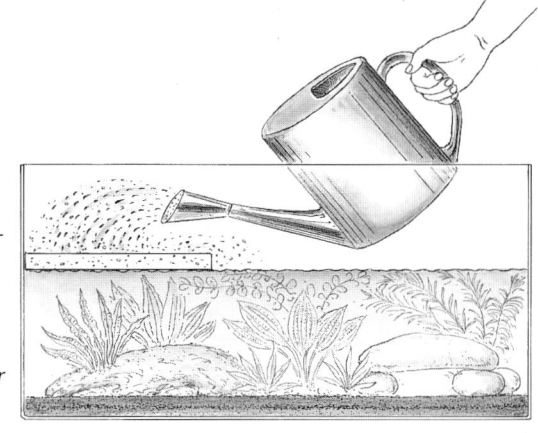

Das Aquarium einzurichten ist kinderleicht, und Du schaffst es garantiert ganz ohne Probleme, wenn Du dabei so vorgehst, wie es hier angegeben ist. Das nötige Material findest Du auf der Einkaufsliste (→ Seite 11).

2 Um den Boden-grund nicht auf-zuwühlen, wird der Strahl der Gießkanne auf ein Stück Styropor gerichtet.

Becken aufstellen

Aufstellen: Stelle das leere Becken an den dafür vorgesehenen Platz. Wenn es keine Zierleisten hat, muß es auf einer 1 cm dikken Styroporplatte stehen. Sie gleicht Unebenheiten der Unterlage aus, durch die das Glas sich verspannen und springen könnte. Ein Aquarium mit Zierleisten steht direkt im Regal oder auf dem Tisch. Bedenke, daß Dein Aquarium komplett etwa 60 kg wiegt. Dieses Gewicht müssen Tisch oder Regal tragen können. Einen geeigneten stabilen Ständer oder Unter-

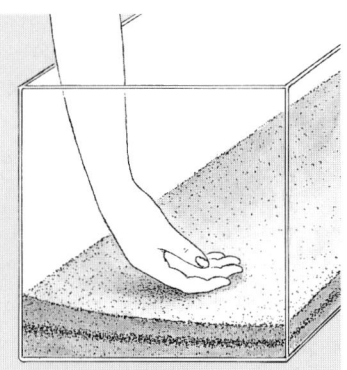

1 Mit den Fingerrückseiten die einzelnen Schichten glattstreichen.

schrank erhältst Du im Zoofachhandel.

Reinigen: Das Becken wischst Du gründlich mit einem Tuch und klarem, warmem Wasser aus.

Bodengrund einbringen

Zeichnung 1

1. Kies: Auf dem Beckenboden 3 Beutel gewaschenen Kies verteilen und mit den Fingern glattstreichen.

2. Dünger: Darauf den Nährboden für die Pflanzen gleichmäßig verteilen.

3. Kies: Als oberste Schicht die restlichen 3 Beutel Kies verteilen und ebenfalls glattstreichen. Zur Beckenrückwand hin den Bodengrund etwas ansteigen lassen, da hier die tiefer wurzelnden Pflanzen eingesetzt werden.

Das Becken dekorieren

Hier kannst Du Deiner Phantasie freien Lauf lassen. Alles ist erlaubt, solange es die Fische nicht verletzt oder das Wasser vergiftet (→ Was nicht ins Aquarium gehört, Seite 10).

Steinhöhle: Aus 4 Steinen kannst Du eine Höhle bauen. Dazu 3

Steine im Dreieck anordnen und einen großen, flachen Stein darüberlegen, fertig ist der Unterschlupf.

Wurzel: Gegenüber der Steinhöhle legst Du die Wurzel auf den Kies. Auch sie dient den Fischen als Versteckmöglichkeit. Außerdem kannst Du an ihr eine Pflanze befestigen (→ Pflanzen im Becken verteilen, unten).

Wasser einfüllen

Zeichnung 2

Nun legst Du ein Stück Styropor (20 x 30 cm groß) in eine Ecke des Beckens und füllst es zu einem Drittel mit lauwarmem Leitungswasser. Nimm dazu eine Gießkanne, die Du nur zu diesem einen Zweck verwendest. Laß das Wasser auf das Styropor laufen, um den Bodengrund nicht aufzuwirbeln. Anschließend Styropor wieder entfernen.

Pflanzen im Becken verteilen

Zeichnung 3

Hier empfehle ich Dir einige besonders pflegeleichte Arten. Da sie unterschiedlich hoch wachsen, sage ich Dir auch, wo Du sie am besten einsetzt. Die niedrigen Pflanzen kommen in den Vordergrund, die mittelhohen in die Mitte und die hochwüchsigen in den Hintergrund. Zeichnung 3 zeigt Dir, wie Dein Aquarium dann aussieht.

Vordergrund: Zwergamazonas (*Echinodorus griesebachi*) deckt den Boden ab.

Mittelgrund: Die Rötliche Amazonas-Schwertpflanze (*Echinodorus osiris*) kommt zwischen Steinhöhle und Wurzel; Javafarn (*Microsorium pteropus*) wird auf der Wurzel mit einem Perlonfaden befestigt; Walkers Wasserkelch (*Cryptocoryne walkeri*) kommt hinter die Wurzel; Hornfarn (*Ceratopteris cornuta*) schwimmt an der Wasseroberfläche.

Hintergrund: Wasserpest (*Egeria densa*) und Fettblatt (*Bacopa caroliniana*) werden dicht an die Rückwand gesetzt.

Pflanzen einsetzen

Zeichnung 4
Rosettenpflanzen stecken oft in Körbchen mit Steinwolle.
• Körbchen umdrehen, leicht gegen die Tischkante schlagen und die Pflanze herausziehen. Steinwolle vorsichtig entfernen.
• Mit der Schere die Wurzeln auf maximal ein Drittel der Länge kürzen. Nie die Wurzeln mit den Fingern abknipsen, da Du sonst die Wurzelenden quetschst. Sie faulen dann.
• Mit dem Finger eine Mulde in den Kies graben, Pflanze einsetzen und Pflanzloch wieder schließen (→ Zeichnung 4).
• Nun die Pflanze etwas nach oben ziehen. So vermeidest Du, daß Wurzeln geknickt werden. Stengelpflanzen flach auf den Kies legen und mit einem Kieselstein beschweren (→ Zeichnung 4, Seite 47). So verankert treiben sie an mehreren Stellen gleichzeitig Wurzeln aus und wachsen rasch an.

Mit Wasser auffüllen

Wenn das Becken eingerichtet und bepflanzt ist, wird es bis auf 5 cm unterhalb der Oberkante mit Wasser gefüllt. Soviel Freiraum solltest Du lassen, da sonst das Wasser überschwappt, wenn Du die Geräte anbringst. Sei beim Wassereingießen ein bißchen vorsichtig, damit Du die Pflanzen nicht wieder herausspülst. Richte also den Wasserstrahl, wie vorhin schon, wieder auf das Stück Styropor, das Du anschließend wieder aus dem Aquarium entfernst.

Geräte am Becken anbringen
• Den Filter und den Heizer befestigst Du jeweils hinten im Aquarium in einer Ecke mit den mitgelieferten Saugnäpfen an der Glasscheibe.

4 Die Rosettenpflanze wird in das Pflanzloch gehalten. Anschließend den Kies an die Pflanze hinschieben.

• Das Thermometer gehört links an die vordere Aquarienscheibe. So kannst Du jederzeit die Wassertemperatur ablesen (→ Zeichnung, Seite 10).
• Nun das Becken mit Wasser bis 1 cm unter der Oberkante auffüllen.
• Abschließend den Eisendünger für die Pflanzen zugeben (→ Pflanzen pflegen, Seite 47). Jetzt hast Du es geschafft: Du kannst Dein Aquarium in Betrieb nehmen (→ Seite 13).

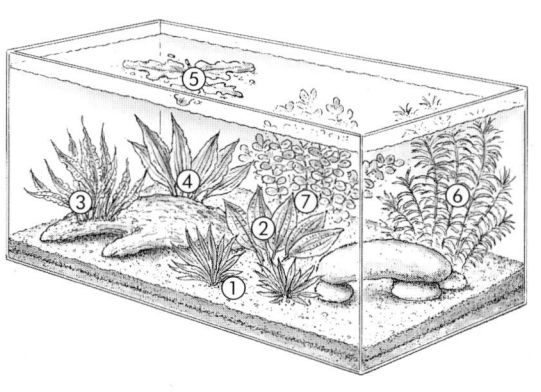

3 Bepflanzungsvorschlag: 1 Zwergamazonas, 2 Rötliche Amazonas, 3 Javafarn, 4 Walkers Wasserkelch, 5 Hornfarn, 6 Wasserpest, 7 Fettblatt.

Ein Aquarium ohne Fische ist langweilig!

Du hast recht, aber den Fischen zuliebe mußt Du Dich noch etwas gedulden, bis das Aquarium eingefahren ist (→ Beobachten und staunen, rechts). Was heißt das? Das Leitungswasser, das Du eingefüllt hast, wird erst allmählich zum geeigneten Aquarienwasser. Die Pflanzen brauchen Zeit, um festzuwurzeln. Die Filterbakterien, die im Filter zu einem sauberen Wasser beitragen, müssen das Filtermaterial besiedeln. Erst danach hat sich aus der für die Fische anfangs unbehaglichen Umgebung ein gesunder Lebensraum entwickelt.

Wann endlich kommen die Fische? Ich empfehle Dir, die Fische erst dann zu kaufen, wenn das Aquarium gut eingefahren ist. Wann es soweit ist, erkennst Du daran, daß das anfangs ganz trübe Wasser wieder klar ist. Vorher solltest Du die Fische nicht kaufen, denn Du müßtest sie im Plastikbeutel aufbewahren, und da fühlen sie sich überhaupt nicht wohl. Der Beutel eignet sich nur für den Transport.

Der Platy ist ein pflegeleichter Fisch.

 ## Beobachten und staunen
Das Aquarium einfahren

Auch ohne Fische gibt es in den nächsten Tagen im Aquarium viel zu bestaunen. Das Wasser kann trüb oder sogar bräunlich und voller Luftbläschen sein. Es kann in den ersten Tagen passieren, daß Dein Aquarium abends trübe ist und am nächsten Morgen glasklar. Weißer Schleim kann die Glasscheiben überziehen. Das alles ist völlig normal und zeigt an, wie sich nach und nach das geeignete Aquarienwasser entwickelt, in dem sich die Fische dann rundherum wohlfühlen werden.

Echte Aquarianer sagen dazu: »Das Aquarium wird eingefahren«.

Trübes Wasser entsteht durch aufgewirbelten Dünger aus dem Bodengrund, der sich im Wasser löst. Pflanzen und Filter tragen dazu bei, daß die Trübung langsam verschwindet. Die Pflanzen nehmen den Dünger als »Nahrung« nach und nach auf, der Filter filtert die groben Teilchen aus dem Wasser heraus. Allmählich wird das Wasser klar.

Bräunliches Wasser wird häufig durch die Aquarienwurzel verursacht, die Gerb- oder Huminsäure (→ Kleines Lexikon, Seite 58) abgibt. Die Färbung des Wassers ist unschädlich und verschwindet später durch den regelmäßigen Wasserwechsel (→ Seite 46) fast vollständig.

Weißer Schleim auf den Scheiben bildet sich durch die Ansiedlung von Bakterien, die sich vom Eiweiß ernähren, das im Wasser vorkommt. Der Schleim ist jedoch sowohl für die Pflanzen als auch für die Fische völlig unschädlich. Er wird später entweder von den Schnecken in Deinem Aquarium gefressen oder bei der Scheibenreinigung entfernt (→ Seite 47). Ein vorsorgliches Scheibenputzen ist unnötig.

Zu Gast bei Familie Purpur-Prachtbarsch: Mutter wacht von der Höhle aus über ihre Jungen.

Fische als Geschenk?

Bitte alle Deine Freunde und Verwandten, Dir keine Fische zu schenken. Du erhältst sonst Fische aus verschiedenen Aquarien und damit aus unterschiedlichen Wasserqualitäten. Es könnte dann leicht sein, daß ein Fisch eine Krankheit mitbringt, die Du nur schwer wieder heilen kannst. Auch sollten die Fische gut zueinander passen (→ Die Fischarten auswählen, Seite 18). Wenn Dich Deine Freunde trotzdem mit einem Beutel Fische überraschen, hältst Du Dich am besten an das Notprogramm.

Notprogramm

Angenommen, das Aquarium ist noch nicht richtig eingefahren und Du hast trotzdem schon die Fische eingesetzt, vielleicht weil Du sie geschenkt bekommen hast. Du merkst, daß sie sich nicht wohlfühlen, daß ihre Farben blaß sind und sie schreckhaft die Flossen klemmen. Hier hilft nur noch folgendes Notprogramm:

1. Wechsle alle 3 Tage ein Drittel Wasser (→ Seite 46) und füge das Aufbereitungsmittel nach der Angabe auf der Verpackung zu.
2. Füttere die Fische nur mäßig mit Flockenfutter, nicht mit Frostfutter. Gib auch Vitamine ins Aquarienwasser (→ Die richtige Ernährung, Seite 33).
3. Dünge nicht jetzt, sondern erst, wenn das Aquarium eingefahren ist.

Etwa 2 Wochen lang mußt Du dieses Programm gewissenhaft durchziehen. Dann hat sich das Aquarium »beruhigt« und Du kannst zum normalen Pflegerhythmus übergehen (→ PRAXIS Richtig pflegen, Seite 46 und 47).

Noch einmal 2 Wochen mußt Du warten, bis Du dann weitere Fische dazusetzen darfst.

PRAXIS
Kauf der Fische

Wenn Dein Aquarium eingefahren ist, kannst Du Dir im Zoofachgeschäft Fische aussuchen. Dort hast Du dann die Qual der Wahl, denn Du mußt eine Auswahl treffen, und das ist gar nicht so leicht.

Die Fischarten auswählen
Da sich nicht alle Fische miteinander vertragen, muß man beim Auswählen ein bißchen aufpassen. Allein nach der Farbe solltest Du die Fische nicht kaufen.
• Das Verhalten der Fischarten muß zueinander passen. Da gibt es verspielte Fische, die an den langen Flossen anderer Fische zupfen, was die natürlich gar nicht toll finden, oder Raufbolde, die den friedlicheren Arten das Leben schwer machen.
• Für Dein kleines Becken eignen sich nur Fischarten, die nicht zu groß werden. Am besten hältst Du Dich an meine Besetzungsvorschläge (→ Seite 31), dann kann nichts schiefgehen. Wenn Du mehr wissen willst, hilft Dir Dein Zoofachhändler gerne weiter.
• Die Ansprüche der Fische an die Wasserqualität und an die Temperatur müssen übereinstimmen (→ Pflegeleichte Fische, Seite 26).
• Jede Fischart hat einen bevorzugten Lebensraum (→ Die Körperform der Fische, Seite 20). Die einen halten sich gerne nahe der Wasseroberfläche, die anderen im mittleren Bereich und wieder andere in Bodennähe auf. Um das Aquarium gut auszunutzen und jeder Art ein möglichst großes Revier zu bieten, empfehle ich Dir, jeden Bereich mit einer Art zu besetzen.
<u>Die richtige Fischgesellschaft:</u>
Sämtliche Fische in meinen Besetzungsvorschlägen (→ Seite 31) vertragen sich gut miteinander. Willst Du die Fische lieber nach eigenen Wünschen zusammenstellen, solltest Du Dich vor dem Kauf genau über ihre Bedürfnisse informieren. Auch der Zoofachhändler gibt Dir Ratschläge, wie Du die Fische richtig auswählst.

Tips zum Fischkauf
Achte darauf, daß Du gesunde Fische nach Hause bringst.
• Kaufe die Fische nur aus gepflegten Aquarien (klares Wasser, saubere Scheiben, kein toter Fisch im Becken).
• Suche sie aus, wenn das Zoogeschäft nicht überlaufen ist. Der Verkäufer hat dann mehr Zeit, um Dich zu beraten.
• Gesunde Fische schwimmen munter umher und drücken sich nicht in eine Ecke (Ausnahmen: nachtaktive Arten und bodenbewohnende Fische wie Welse).
• Kranke Fische haben weiße Pünktchen, watteartige Beläge, zerfranste Flossen oder trübe Haut (→ Häufige Krankheiten, Seite 38).
• Kaufe die Fische nacheinander und nicht alle auf einmal (→ Besetzungsvorschläge, Seite 31).

Die Fische transportieren
Im Zoogeschäft werden die Fische in einen Plastikbeutel gepackt, der zur Hälfte mit Wasser gefüllt ist. Der Beutel wird zusätzlich noch zum Schutz vor Kälte in Zeitung gehüllt. So sind die Fische richtig verpackt, und so bekommst Du sie in die Hand gedrückt. Und nun nichts wie ab nach Hause! Aber vorsichtig und den Beutel nicht schütteln. Halte den Beutel waagrecht. Dann ist die Wasseroberfläche größer, und es kommt mehr Sauerstoff ins Wasser. Das erleichtert den Fischen das Atmen. Da der Transport für die Fische ein großer Streß ist, sollte er möglichst kurz sein.

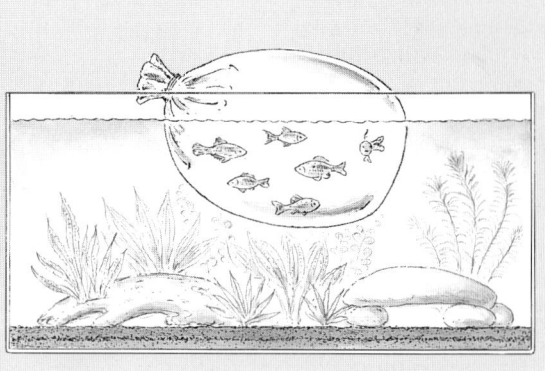

1 Den geschlossenen Transportbeutel auf die Wasseroberfläche legen.

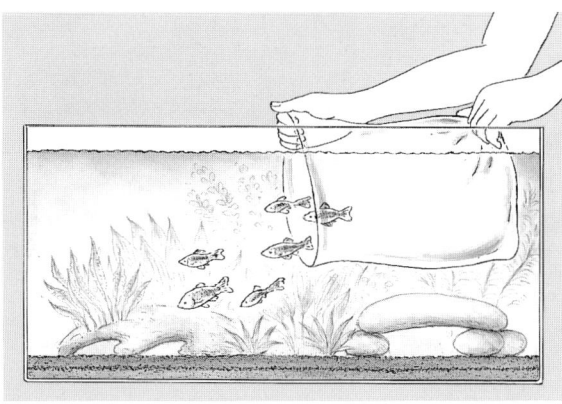

2 Die Fische schwimmen aus dem Beutel ins Aquarium. Beutel nicht auskippen.

Die Fische einsetzen

Zeichnungen 1 und 2

Fische gehören zu den wechselwarmen Tieren (wie Eidechsen und Schlangen). Sie können ihre Körpertemperatur nicht selbst regulieren, wie der Mensch, sondern sie gleicht sich an die Umgebungstemperatur an. Plötzliche Temperatursprünge von kalt auf warm oder umgekehrt können die Fische kaum ausgleichen und deshalb schlecht vertragen.

<u>Aufbereitungsmittel:</u> Bevor Du die Fische einsetzt, kommt das Aufbereitungsmittel ins Wasser. Es schützt die Schleimhaut der Fische und erleichtert so das Eingewöhnen. Außerdem bindet es eventuell noch vorhandene schädliche Stoffe im Wasser.

<u>Vom Beutel ins Aquarium:</u> So setzt Du die Fische richtig ein:

• Damit die Fische keinen Temperaturschock erleiden, legst Du zuerst den geschlossenen Beutel auf die Wasseroberfläche (→ Zeichnung 1). Nach etwa 15 Minuten hat sich die Wassertemperatur im Beutel derjenigen des Aquariums angeglichen.

• Vorsichtig den Beutel öffnen und mit einer Hand festhalten. Gleichzeitig mit einem Becher langsam Aquarienwasser in den Beutel gießen, bis er voll ist.

• Den Beutel langsam waagerecht ins Aquarium senken, damit die Fische herausschwimmen können (→ Zeichnung 2). Auf keinen Fall den Beutel einfach auskippen. Die Fische sollen von sich aus und ohne Zwang ins Aquarium überwechseln können.

Die perfekte Wasserwelt

Zeichnungen 3 und 4

Mit den Fischen kommt Bewegung ins Aquarium. Ihr Leben hängt – wie auch bei uns Menschen – im wesentlichen vom Sauerstoff ab. Daß er immer ausreichend vorhanden ist, dafür sorgen die Pflanzen.

<u>Tag:</u> Fische atmen Sauerstoff (chemische Formel O_2) ein, Kohlendioxid (CO_2) aus. Bei der Photosynthese (→ Kleines Lexikon, Seite 58) nehmen die Pflanzen Kohlendioxid auf und geben Sauerstoff ab (→ Zeichnung 3), den die Fische zum Atmen nutzen.

<u>Nacht:</u> Jetzt atmen auch Pflanzen Sauerstoff ein und Kohlendioxid aus, ebenso wie die Fische (→ Zeichnung 4). Auch wenn die Photosynthese im Dunkeln nicht stattfindet, reicht der am Tage produzierte Sauerstoff für Pflanzen und Fische aus. Pflanzen benötigen grundsätzlich nur wenig Sauerstoff, und Fische verbrauchen während der Nachtruhe erheblich weniger als tagsüber.

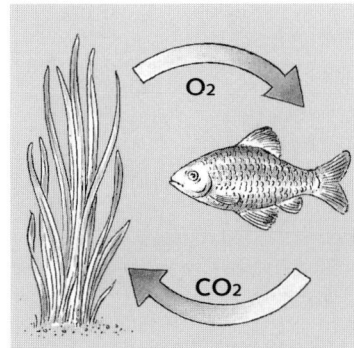

3 Bei Tag: Pflanze gibt Sauerstoff an den Fisch ab, dieser Kohlendioxid an die Pflanze.

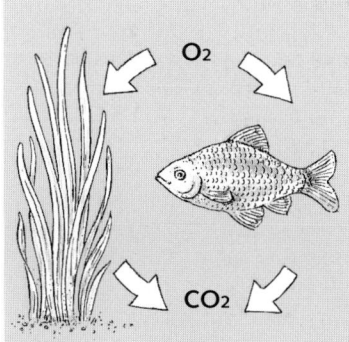

4 Nachts: Fisch und Pflanze nehmen Sauerstoff auf und geben Kohlendioxid ab.

Die beliebtesten Fische für das erste Aquarium

Die Fische sind die »Stars« in jedem Aquarium. Nicht nur ihre bunt schillernden Farben faszinieren, sondern auch ihre Bewegungen. Es macht einfach Spaß zu beobachten, wie leicht und elegant sie durchs Wasser gleiten. <u>Ein Leben im Wasser:</u> Fische sind in Körperbau und Lebensweise so hervorragend an das nasse Element angepaßt, daß sie an Land nicht überleben können, sondern sterben. Da jeder Fisch in einem bestimmten Abschnitt des Gewässers lebt und in seiner Gestalt an ihn angepaßt ist, unterscheidet er sich auch von seinen Fischkollegen, die einen andersartigen Lebensraum im Gewässer haben. Deshalb sehen Fische ganz unterschiedlich aus.

Der Schmetterlingsbuntbarsch ist ein sehr genügsamer und pflegeleichter Fisch, der gut in ein Gesellschaftsaquarium paßt.

Die Körperform der Fische

<u>Die Gestalt</u> eines Fisches sagt aus, in welcher Art von Gewässern er lebt. Einige Beispiele sollen dies verdeutlichen.

• Fische in schnellfließenden Gewässern haben oft einen kräftig muskulösen, gedrungenen Vorderkörper (Salmler).

• Fische in ruhigen, pflanzenreichen Gewässern sind oft seitlich zusammengedrückt und haben einen hohen Rükken (Guramis).

• Am Boden lebende Fische haben oft einen von oben nach unten abgeflachten Körper und einen flachen Bauch (Panzerwelse).

• Fische mit geradem Rücken und weit nach hinten versetzter Rückenflosse schwimmen oft knapp unter der Wasseroberfläche (Prachtkärpflinge).

• Fische mit zylinderförmigem Körper bewegen sich hauptsächlich in den mittleren Wasserschichten (Barben). <u>Die Maulstellung</u> verrät, wie sich der Fisch ernährt und in welcher Wasserregion er sich die meiste Zeit bewegt.

• Oberständiges Maul: Der Fisch lebt und frißt nahe an der Wasseroberfläche (Guppy; → Zeichnung, Seite 23).

• Endständiges Maul: Der Fisch hält sich in der mittleren Wasserregion auf und findet dort auch sein Futter (Sumatrabarbe; → Zeichnung, Seite 23).

• Unterständiges Maul: Fische, die am Grund leben, suchen ihr Futter vorwiegend am oder im Boden (Prachtschmerle; → Zeichnung, Seite 23).

 **Warum können Fische nicht lachen?**

Das brauchen sie nicht. Sie zeigen ihren Partnern oder Rivalen über die Flossenstellung, die Körperstellung zum anderen Fisch und den Wechsel der Farben ihre Sympathien oder Drohgebärden.

Die Flossen

Die meisten Fische haben 7 Flossen: Je 1 Rücken-, Schwanz- und Afterflosse sowie je 2 Brust- und Bauchflossen. Einige Arten (zum Beispiel Salmler und manche Welse) haben zusätzlich noch eine kleine Fettflosse zwischen Rücken- und Schwanzflosse. Die Flossen bewegen den Fisch vorwärts oder rückwärts und halten ihn in einer bestimmten Position. Die Schwanzflosse dient als Hauptantrieb des Fisches, die anderen Flossen werden nur zum Steuern verwendet.

![Der kleine Rote Neon ist prächtig gefärbt und lebt im Schwarm.]

Der kleine Rote Neon ist prächtig gefärbt und lebt im Schwarm.

 **Warum bewegt der Fisch
die Flossen, wenn er nicht
schwimmt?**

Raubfische, wie zum Beispiel Barsche,
die auf Beute lauern, bewegen nur die
Brustflossen und stehen sonst fast reglos im Wasser. Diese Flossenbewegung
ist nötig, damit sie an einer Stelle stehen können, ohne von der Strömung
abgetrieben zu werden. Kommt eine
Beute in Sicht, geben sich die Raubfische mit der Schwanzflosse dann den
Schwung für den Angriff auf die Beute.

Die Schwimmblase

Viele Fische haben eine Schwimmblase
(→ Zeichnung, Seite 22). Sie enthält
ein Gasgemisch, das sich verändert,
je nachdem, ob der Fisch taucht oder
nach oben schwimmt. Durch die
Schwimmblase kann der Fisch im Wasser schweben, nach oben steigen oder
zu Boden sinken ohne Flossenbewegung.

Viele Fische, die am Boden leben, haben eine zurückgebildete Schwimmblase. Manche Fische (zum Beispiel

Antennenwelse) haben gar keine Schwimmblase. Fische ohne oder mit einer verkümmerten Schwimmblase können sich nur mit sehr kräftigen Flossenschlägen nach oben bewegen, sonst sinken sie sofort wieder zu Boden.

Es kann passieren, daß sich ein Fisch in zu kaltem Wasser die Schwimmblase erkältet. Er kann dann nicht mehr ohne Flossenbewegung nach oben steigen.

Wie schlafen Fische?

Weil Fische keine Augenlider haben, sieht es so aus, als ob sie nie schlafen würden. Das stimmt aber nicht. Wenn sie ruhen wollen, ziehen sie sich in einen strömungsarmen Teil des Aquariums zurück. Dort verbrauchen sie weniger Energie und verbringen dann reglos mehrere Stunden in einer Art Schlaf. Prachtschmerlen werden manchmal sogar für tot gehalten, weil sie so fest »schlafen« und sich überhaupt nicht mehr bewegen. Sie dürfen dann nicht »geweckt« werden.

Die Seitenlinie

Die Seitenlinie der Fische ist ein ganz besonderes Organ, das ähnlich wie ein »Radar« funktioniert. Es zieht sich unter den Schuppen zu beiden Körperseiten als gerader, geschwungener oder auch unterbrochener Kanal vom Kopf bis zur Schwanzwurzel entlang. Die Seitenlinie nimmt feinste Erschütterungen und Strömungsänderungen wahr. So spürt der Fisch genau, wenn er sich einem Hindernis nähert oder wenn ein Feind heranschwimmt.

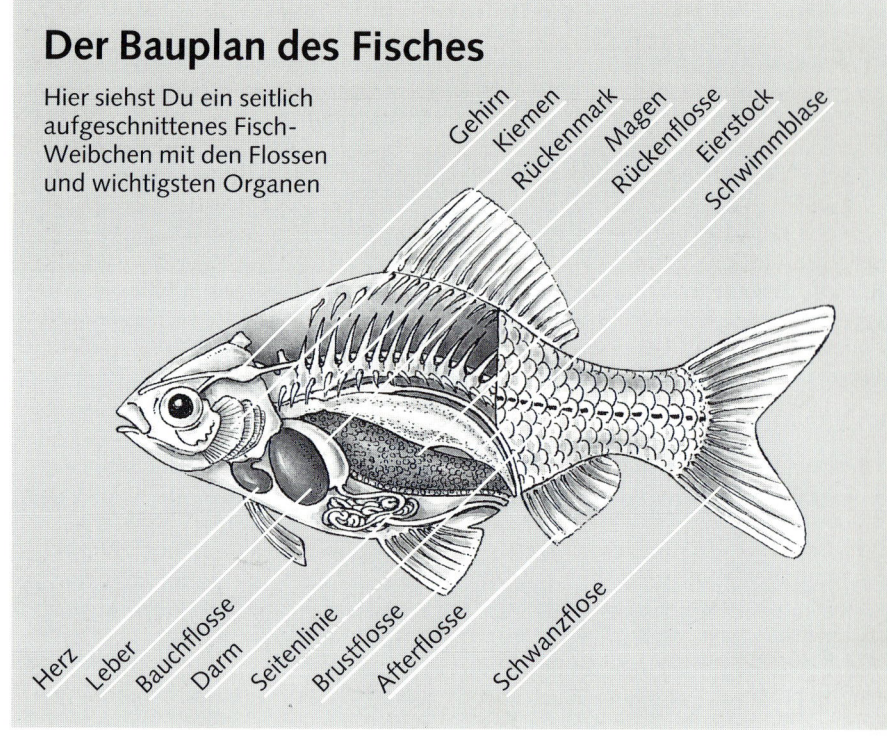

Der Bauplan des Fisches

Hier siehst Du ein seitlich aufgeschnittenes Fisch-Weibchen mit den Flossen und wichtigsten Organen

Gehirn Kiemen Rückenmark Magen Rückenflosse Eierstock Schwimmblase

Herz Leber Bauchflosse Darm Seitenlinie Brustflosse Afterflosse Schwanzflosse

Warum stoßen sich Fische nicht im Aquarium oder an anderen Fischen?

Auch das hängt mit der Seitenlinie zusammen. Mit ihrer Hilfe spürt der Fisch, wann er auf ein Hindernis zuschwimmt, oder wann ein Fischkollege auf ihn zukommt. Selbst wenn er gar nichts sehen kann (zum Beispiel nachts), kann er trotzdem immer noch rechtzeitig seine Schwimmrichtung ändern, bevor es zur Kollision kommt. Deshalb stoßen auch Fische, die in Schwärmen leben, nie aneinander.

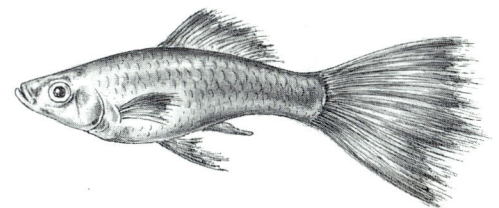

Guppy mit oberständigem Maul.

Sumatrabarbe mit endständigem Maul.

Sind Fische »kitzlig«?

Du wirst Deine Fische sicherlich nicht kitzeln. Wenn Du allerdings an die Scheibe des Aquariums klopfst, dann empfindet der Fisch das genauso unangenehm, wie wenn Du gekitzelt wirst. Das liegt an seiner Seitenlinie (→ Seite 22), die jede noch so leise Erschütterung sofort wahrnimmt.

Die Atmung der Fische

Fische atmen nicht mit den Lungen wie wir Menschen, sondern mit den Kiemen. Sie saugen Wasser durch das Maul ein und pressen es an den stark durchbluteten Kiemenblättchen vorbei. Dabei geht – ähnlich wie in unserer Lunge – der im Wasser gelöste Sauerstoff ins Blut über. Das Wasser wird durch die sich schließenden Kiemendeckel wieder ausgeschieden.

Zusätzlich nehmen die Fische – wie alle anderen Lebewesen einschließlich uns Menschen – auch noch über die Haut Sauerstoff auf. Deshalb haben sie bei Schleimhautverletzungen oft Atemnot. Manche Fischarten haben darüberhinaus aber auch noch andere Atmungsorgane ausgebildet.

Labyrinthfische (→ Seite 27) haben verkümmerte Kiemen, besitzen aber das sogenannte Labyrinth. Es liegt im Kopf hinter den Kiemen und hat viele feine Verästelungen (daher der Name). Sie nehmen an der Wasseroberfläche Luft und Wasser auf und drücken beides durch das Labyrinth. Dort wird dem Gemisch dann der notwendige Sauerstoff entnommen.

Panzerwelse (→ Seite 29) haben zusätzlich noch die Darmatmung, bei der die Luft in den hinteren Darm gepreßt wird. Dort geht der Sauerstoff dann ins Blut über.

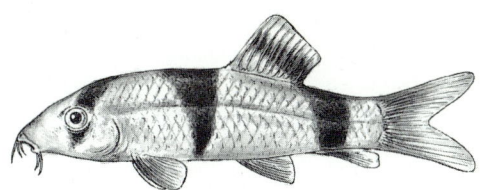

Prachtschmerle mit unterständigem Maul.

Ein Schwertträger-Paar

Glänzender Zwergbuntbarsch

Zebrabärblinge sind Schwarmfische und fallen durch

Feuerschwanz

Ein Prachtschmerlen-Paar

Ein junger Schleierschwanz

Faszinierende Fische

Streifenhechtling

e blau-weißen Streifen auf.

Goldgurami

Indischer Glaswels

25

Pflegeleichte Fische

Auf den folgenden Seiten habe ich eine Auswahl besonders pflegeleichter Fische zusammengestellt. Sie vertragen sich gut miteinander und stellen keine allzu großen Ansprüche an das Aquarium und die Wasserqualität. Du kannst sie gut im Gesellschaftsbecken bei einer Temperatur von 24° bis 26 °C halten. Als Grundnahrung genügt in der Regel Trockenfutter. Einige Fische mögen aber auch Leckerbissen. Das steht dann unter dem Stichwort »Fütterung«. Besondere Pflegeanleitungen findest Du unter »Pflege«.
Mehrere Möglichkeiten, wie Du verschiedene Fischarten zusammenstellen kannst, findest Du in meinen Besetzungsvorschlägen (→ Seite 31).

Die lateinischen Fischnamen

Jeder Fisch hat – wie alle Tiere und Pflanzen – einen lateinischen Namen. Es ist hilfreich, wenn Du Dich früh mit ihnen vertraut machst, denn die lateinischen Namen werden weltweit einheitlich verwendet. Wenn Du den lateinischen Namen kennst, weiß jeder immer eindeutig, um welchen Fisch es sich handelt, auch wenn der deutsche Name nicht dabeisteht. Der lateinische Name ist zweiteilig. Der erste Teil bezeichnet die Gattung (vergleichbar mit unserem Familiennamen), der zweite Teil bezeichnet die Art (vergleichbar mit unserem Vornamen). Eine Gattung kann mehrere Arten haben, aber es gibt auf der ganzen Welt niemals 2 Arten mit dem gleichen lateinischen Namen.
Mehrere nah verwandte Gattungen werden zu einer Familie, mehrere nahe verwandte Familien zu einer Ordnung zusammengefaßt. So erkennst Du immer, welche Fische näher miteinander verwandt sind und welche nicht.

Goldfische

Familie *Cyprinidae* (Karpfenfische)
Der Goldfisch mit all seinen verschiedenen Formen und Farben gehört zu den bekanntesten Zierfischen. Seit fast 1000 Jahren wird er in China gezüchtet. Neben dem normalen Goldfisch gibt es noch die Schleierschwänze mit doppelter Schwanzflosse und etliche andere Züchtungen. Im Laufe der Jahre entstanden manch sonderbare Züchtungen wie die sogenannten Blasenaugen und Himmelsgucker. Deren Haltung möchte ich Dir allerdings nicht empfehlen, da sie anfällig für Pilzerkrankungen sind und meiner Meinung nach nicht weiter gezüchtet werden sollten.
Bemerkenswert ist das langsame Umfärben der Goldfische. Der graue Jungfisch wird zuerst schwarz, dann bekommt er einen goldgelben Bauch. Das Gold wird zu gelb und dann zu rot. Als letzte Farbe kommt weiß. Bei Verletzungen verheilt die Wunde schwarz und färbt sich dann immer in der gleichen Reihenfolge langsam um.
Ein Goldfischweibchen kann bis zu 3000 Eier auf einmal ablaichen, die an den Pflanzen kleben.
Größe: Manche Goldfische werden bis zu 30 cm groß. Im 60-cm-Becken kannst Du sie nur als Jungfische halten. Später solltest Du sie in einen Gartenteich setzen oder an einen Aquarianer verschenken, der ein größeres Becken hat.
Pflege: Goldfische solltest Du im unbeheizten Aquarium (sprich: bei Zimmertemperatur) halten, also nicht zusammen mit den anderen in diesem Buch genannten Fischen. Einzige Ausnahme sind die Schleierschwänze (→ Foto, Seite 25), sie lieben eine höhere Wassertemperatur von 22 bis 25 °C. Beachte den Besetzungsvorschlag 5 (→ Seite 31)
Futter: Normale Flocken, Pflanzenflocken; im Aquarium keine Futtersticks, sie sind oft schwer verdaulich.

Lebendgebärende Zahnkarpfen

Familie *Poecilidae* aus der Ordnung *Microcyprini* (Kleinkärpflinge)

Die Lebendgebärenden Zahnkarpfen gehören zu den beliebtesten Aquarienfischen. Sie sind nicht nur sehr farbenprächtig, sondern auch robust und vermehrungsfreudig, also ideale Anfängerfische. Männchen und Weibchen sind leicht voneinander zu unterscheiden: Das Männchen ist meist schlanker und kleiner als das Weibchen. Beim Weibchen ist die Afterflosse rund, beim Männchen spitz und zum Begattungsorgan, dem Gonopodium, umgebildet. Auffallend ist auch der Trächtigkeitsfleck am Hinterleib des Weibchens. Hier zeichnen sich die befruchteten Eier mit den Jungen darin als dunkler Fleck ab. Im Gegensatz zu den meisten anderen Fischen bringen sie lebende Junge zur Welt (→ Die Geburt bei Guppies, Seite 52). Je nach Art dauert es oft mehrere Stunden, bis die Jungen richtig schwimmen können.

Pflegeleichte Arten: Zu den bekanntesten Arten gehören Guppy (*Poecilia reticulata*; → Foto, Seite 37), Molly (*Poecilia sphenops*; → Foto, Seite 33), Platy (*Xiphophorus maculatus*; → Foto, Seite 16 und 32), Schwertträger (*Xiphophorus helleri*; Foto, Seite 24).

Größe: Guppy 3 bis 6 cm; Molly 4 bis 6 cm; Platy 4 bis 7 cm, Schwertträger manchmal bis zu 12 cm.

Pflege: Wassertemperatur 20 bis 30 °C. Langschwänzige Arten sind empfindlich, da die Flossenenden nicht mehr richtig durchblutet werden. Sie neigen daher zu Flossenfäule und Pilzbefall.

Futter: Abwechslungsreich füttern mit Flockenfutter, Algen und unbedingt Mückenlarven. Speziell die Weibchen brauchen tierisches Eiweiß, da sie häufig trächtig sind. Sonst leiden sie rasch an Eiweiß- und Mineralienmangel und werden mager und hinfällig.

Fadenfische oder Labyrinther

Familie *Anabantidae* aus der Ordnung *Perciformes* (Barschfische)

Zwei »Merkwürdigkeiten« haben den Fadenfischen zu ihren beiden Namen verholfen: »Labyrinther« nennt man sie wegen ihres besonderen Atemorgans, dem Labyrinth (→ Kleines Lexikon, Seite 58), und »Fadenfische«, weil ihre Brustflossen zu langen Tastfäden umgewandelt sind. Damit können sie sich in den trüben Gewässern ihrer Heimat besser zurechtfinden. Die Geschlechter sind leicht zu unterscheiden. Die Weibchen sind meist rundlicher und haben eine hellere Bauchpartie. Die Männchen haben spitz zulaufende Rücken- und Afterflossen, bei den Weibchen sind sie rund. Die Farbe ändert sich je nach Stimmungslage. So nehmen unterlegene Männchen oft die weibliche Färbung als Tarnung an. Bemerkenswert ist die Fortpflanzung der Fadenfische. Die Männchen bauen kompakte Schaumnester an der Wasseroberfläche (→ Geburt bei Kampffischen, Seite 52),

Das kleinere Prachtbarben-Männchen umwirbt das größere Weibchen, indem es ihm immer wieder in die Seite stupst.

in die die Eier gespuckt und vom Männchen betreut werden.

Pflegeleichte Arten: Kampffisch (*Betta splendens*; → Foto, Seite 5), Zwergfadenfisch (*Colisa lalia*; → Fotos, Seite 48 und 49), Blauer Fadenfisch (*Trichogaster trichopterus*) und Knurrender Gurami (*Trichopsis vittatus*).

Größe: Die genannten Arten 4 bis 6 cm; Blauer Fadenfisch bis 12 cm. Fadenfische wachsen sehr schnell, werden aber selten älter als 3 Jahre.

Pflege: Temperaturen von 25 bis 27 °C. Regelmäßiger Wasserwechsel einmal pro Woche ist für die Fadenfische besonders wichtig, da sie anfällig für Geschwüre und Pilzerkrankungen sind. Die Tiere vertragen keine Zugluft über dem Aquarium. Im 60-cm-Becken dürfen nie 2 Kampffisch-Männchen gehalten werden. Da nur 1 Männchen ein ausreichend großes Revier besetzen kann, würden sie erbittert kämpfen.

Futter: Trockenfutter, zur Abwechslung Frostfutter.

Salmler

Mehrere Familien aus der Ordnung *Characiformes* (Salmlerähnliche)

Die meisten Salmler sind Schwarmfische, die sich nur im Schwarm sicher und geborgen fühlen. Sie sind gewandte Schwimmer und oft prächtig gefärbt. Leicht erkennbar sind die Salmler an der Fettflosse am Schwanzstiel (→ Flossen, Seite 20). Geschlechtsunterschiede sind schwer festzustellen. Meist sind die Weibchen rundlicher und weniger farbig als die Männchen.

Pflegeleichte Arten: Neon (*Paracheirodon innesi*), Roter Neon (*Paracheirodon axelrodi*; → Foto, Seite 21), Roter von Rio (*Hyphessobrycon flammeus*), Blutsalmler (*Hyphessobrycon callistus*; → Foto, Seite 1), Trauermantelsalmler (*Gymnocorymbus ternetzi*), Kaisersalmler (*Nematobrycon palmeri*), Kongo-salmler (*Phenogrammus interruptus*; → Foto, Seite 29).

Größe: Die genannten Arten 4 bis 6 cm. Kongosalmler bis 9 cm; da er viel schwimmt, sollte er im 60-cm-Becken nur als Jungfisch gehalten und später in ein größeres Becken umgesetzt werden.

Pflege: Wassertemperatur 23 bis 27 °C.

Futter: Trockenfutter; als Leckerbissen Mückenlarven als gefriergetrocknetes oder Frostfutter mit Vitaminen.

Barben und Bärblinge

Mehrere Familien aus der Ordnung *Cypriniformes* (Karpfenartige)

Vielen Barben haben zu beiden Seiten des Mauls Barteln, von denen sich auch ihr Name ableitet (lateinisch barba heißt auf deutsch Bart). Sie dienen als Tastorgane, wenn die Fische am Boden nach Nahrung suchen. Barben sind meist farbenprächtige und lebhafte Fische, die im Schwarm leben. So sind sie sicher vor Freßfeinden. Häufig schwimmen mehrere Barbenarten in einem Schwarm zusammen. Barben laichen oft ins freie Wasser ab. Eine Ausnahme sind die Keilfleckbarben, denn sie kleben die Eier an die Unterseite von Blättern.

Pflegeleichte Arten: Prachtbarbe (*Puntius conchonius*; → Zeichnung, Seite 27), Sumatrabarbe (*Puntius tetrazona*), Kardinalfisch (*Tanichthys albonubes*; → Foto, Seite 57), Zebrabärbling (*Brachydanio rerio*; →Foto, Seite 24), Keilfleckbärbling (*Rasbora heteromorpha*). Barbenarten solltest Du nur im Schwarm von 3 bis 5 Tieren kaufen.

Größe: Genannte Arten 4 bis 8 cm.

Pflege: Dichte Bepflanzung im hinteren Bereich des Aquariums und Schwimmpflanzen. Viel freier Schwimmraum. Kardinalfische fühlen sich im ungeheizten Aquarium bei einer Wassertemperatur von 18 bis 22 °C am wohlsten.

Futter: Alle üblichen Futtersorten.

Buntbarsche oder Cichliden

Familie *Cichlidae* aus der Ordnung *Perciformes* (Barschfische)

Buntbarsche besetzen Reviere im Aquarium und bilden feste Paare. Allen Arten gemeinsam ist die fürsorgliche Brutpflege (→ Seite 54). Brut und Jungfische werden eifrig gegen Feinde verteidigt. Besonders interessant zu beobachten ist die Brutpflege bei den Maulbrütern (→ Seite 55). Das Weibchen nimmt die Eier ins Maul, brütet sie dort aus und läßt ihre Jungen nur dann heraus, wenn ihnen keine Freßfeinde auflauern. Bei Gefahr flüchten die Jungen immer wieder zurück ins Maul der Mutter.

Pflegeleichte Arten: Schmetterlingsbuntbarsch (*Papiliochromis ramirezi*; → Fotos, Seite 20 und U4; Zeichnung, Seite 2), Glänzender Zwergbuntbarsch (*Nannocara anomala*; → Foto, Seite 24), Purpur-Prachtbarsch (*Pelviachromis pulcher*; → Fotos, Seite 17 und 29), und Kleiner Maulbrüter (*Pseudocrenilabrus multicolor*; → Zeichnung, Seite 30).

Größe: Genannte Arten 5 bis 10 cm.

Pflege: Wassertemperatur 25 bis 29 °C. Jedes Buntbarsch-Paar besetzt ein Revier und braucht eine extra Höhle für sich, um sich zurückziehen zu können.

Futter: Trockenfutter; zusätzlich Frostfutter und Vitamine. Buntbarsche sind Raubfische und fressen alles, was ins Maul paßt, leider auch junge Guppies.

Welse

Mehrere Familien aus der Ordnung *Siluriformes* (Welsartige)

Welse sind auf der ganzen Welt heimisch und leben in allen Gewässertiefen. Im Aquarium machen sich die Welse meistens als »Müllabfuhr« nützlich, weil sie – je nach Art – Algen und Futterreste fressen. Unter den Welsen gibt es die erstaunlichsten Formen. Die Panzerwelse, die bekanntesten Aquarien-

Zwergfadenfisch-Männchen

Kongosalmler-Männchen

Purpur-Prachtbarsch-Weibchen mit Jungen

29

welse, haben einen mit kräftigen Schuppen gepanzerten Rücken (→ Fotos, Seite 13, 53 und 64). Sie sind wehrhafte Tiere, die kaum Feinde haben. Panzerwelse werden oft älter als 15 Jahre. Der Indische Glaswels ist ganz durchsichtig (→ Foto, Seite 25). Der Antennenwels hat nur ganz kleine Augen. Zur Orientierung in trüben Gewässern dienen ihm seine zahlreichen »Antennen« (→ Foto, Seite 56). Eine Besonderheit ist auch der Rückenschwimmende Kongowels (→ Foto, Seite 45). Wie sein Name schon sagt, schwimmt er meist mit dem Bauch nach oben.

<u>Pflegeleichte Arten:</u> Panzerwelse (*Corydoras*-Arten) sind robust; Indischer Glaswels (*Kryptopterus bicirrhis*) ist langlebig, bleibt aber immer etwas scheu; Antennenwels (*Ancistrus dolichopterus*) eignet sich hervorragend als Algenfresser; er sucht am Boden, auf Steinen und Blättern nach Algen; Rückenschwimmender Kongowels (*Synodontis nigriventris*).

<u>Größe:</u> Genannte Arten 4 bis 10 cm.

<u>Pflege:</u> Die genannten Arten sind anspruchslose und robuste Fische. Sie brauchen Unterschlupf, aber auch freien Raum am Boden zum Wühlen.

<u>Futter:</u> Futtertabletten; Frostfutter zufüttern.

Schmerlen

Familie *Cobitidae* aus der Ordnung *Cypriniformes* (Karpfenartige)
Schmerlen halten sich gerne am Boden auf. Die meisten Arten haben ein unterständiges Maul (→ Seite 20). So können sie gut mit ihren zahlreichen Barteln am Boden nach Futter suchen.

<u>Pflegeleichte Arten:</u> Schachbrettschmerle (*Botia sidthimunki*; → Zeichnung, Seite 7), Mausschmerle (*Botia morleti*). Prachtschmerle (*Botia macracantha*; → Foto Seite 24) und Feuerschwanz (*Labeo bicolor*; → Foto, Seite 24) sind beliebte und pflegeleichte Fische. Sie können im kleinen Becken als Jungfische gut gehalten werden. Später müssen sie in ein größeres Becken umgesetzt werden.

<u>Größe:</u> Maus- und Schachbrettschmerle 6 bis 9 cm; Feuerschwanz und Prachtschmerle bis 16 cm.

<u>Pflege:</u> Schmerlen sind anspruchslos in Bezug auf die Wasserwerte. Da sie Reviere bilden, brauchen sie Höhlen als Verstecke.

<u>Futter:</u> Futtertabletten.

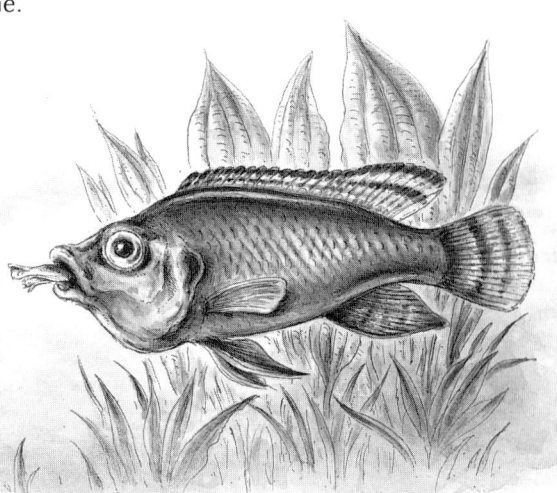

Die Zwergmaulbrüter-Mutter nimmt ihre Jungen zum Schutz ins Maul.

Prachtkärpflinge

Familie *Cyprinodontidae* (Eierlegende Zahnkarpfen) aus der Ordnung *Microcyprini* (Kleinkärpflinge)

Prachtkärpflinge werden auch Eierlegende Zahnkarpfen oder Killifische genannt. In freier Natur werden sie selten älter als ein halbes Jahr. Man nennt sie deshalb auch Saisonfische, weil sie in ihrer Heimat während der Regenzeit aus den Eiern schlüpfen, schnell heranwachsen, geschlechtsreif werden, ablaichen und sterben, wenn die Gewässer austrocknen. Die Eier besitzen eine harte Schale, die sie lange Zeit – manchmal sogar mehrere Jahre, in denen es nicht regnet – gegen das Austrocknen schützt. Wenn es dann wieder regnet, weicht das weiche Regenwasser die Schalen auf, und die Jungfische schlüpfen aus.

Die Prachtkärpflinge sind sehr farbenprächtig (→ im Foto, Seite 25, ein Streifenhechtling). Geschlechtsunterschiede sind meist leicht festzustellen. Die Weibchen sind häufig kleiner und wesentlich blasser als die kräftig gefärbten Männchen.

Pflegeleichte Arten: Kap Lopez (*Aphyosemion australe*), Gestreifter Prachtkärpfling (*Aphyosemion striatum*), Gardners Prachtkärpfling (*Aphyosemion gardneri*).

Größe: Die genannten Arten werden 5 bis 8 cm groß.

Pflege: Die Wassertemperatur sollte zwischen 21 und 23 °C liegen; Gardners Prachtkärpfling braucht wärmere Temperaturen von 23 bis 27 °C. An die Wasserqualität stellen Prachtkärpflinge keine allzu großen Ansprüche. Wichtig ist eine dichte Bepflanzung, damit sie genügend Möglichkeiten zum Verstecken haben.

Futter: Trockenfutter; gefriergetrocknetes und Frostfutter regelmäßig zufüttern.

Besetzungsvorschläge

3 bis 10 Tage nach dem Einfahren
3 Rüsselbarben, 1 Antennenwels
nur bei Vorschlag 5 (siehe unten)
1 Saugmaul

Nach weiteren 7 Tagen
Vorschlag 1
7 Neon
5 Schwarze Phantomsalmler
(2 Männchen, 3 Weibchen)
5 Keilfleckbärblinge
2 Zwergfadenfische (1 Paar)
3 Panzerwelse
Vorschlag 2
7 Zebrabärblinge
5 Sumatrabarben
3 Brokatbarben
3 Panzerwelse
2 Purpur-Prachtbarsche (1 Paar)
Vorschlag 3
7 Zebrabärblinge
5 Trauermantelsalmler
3 Panzerwelse
Vorschlag 4
7 Schwarze Neon
5 Schmucksalmler
oder Rote Phantomsalmler
Vorschlag 5
3 kleine Schleierschwänze

Nach weiteren 3 Wochen
Zu Vorschlag 1
4 Guppies oder Platies (je 2 Paare)
Zu Vorschlag 2
4 Platies oder Black Mollies
(je 2 Paare)
Zu Vorschlag 3
4 Platies, 4 Guppies, 2 Black Mollies (jeweils Paare)
Zu Vorschlag 4
3 Kampffische (1 Männchen, 2 Weibchen) oder 2 Schmetterlingsbuntbarsche (1 Paar)

Die richtige Ernährung

Richtig füttern ist das wichtigste bei der Aquarienpflege. Den Fischen geht es nicht anders als Dir: Sie mögen genausowenig wie Du jeden Tag das Gleiche essen. Da die Fische im Aquarium mit Ausnahme der Algen kaum natürliches Futter vorfinden, ist Abwechslung beim Füttern wichtig. Das ist nicht schwer, denn im Zoofachhandel findest Du ein reiches Futterangebot, aus dem Du auswählen kannst. Wenn Du die Fische einseitig, immer mit dem gleichen Futter ernährst, können sie Mangelerscheinungen bekommen und krank werden. Wie Du richtig fütterst, erfährst Du auf den PRAXIS-Seiten 34 und 35.

Verschiedene Futtersorten: Erkundige Dich bei Deinem Zoofachhändler, wie Du Deine Schützlinge am besten ernährst. Manche Fische sind reine Pflanzenfresser, manche sind Raubfische und brauchen zusätzlich tierische Kost. Die meisten Fische kannst Du am besten mit einer guten Mischung aus den verschiedenen Futtersorten ernähren.

Trockenfutter

Trockenfutter ist ein Mischfutter und enthält alles, was ein Fisch braucht. Es eignet sich deshalb gut als Grundnahrung. Im Zoofachhandel wird es in verschiedenen Formen angeboten.

Futterflocken werden auf die Wasseroberfläche gestreut. Dort schwimmen sie und sinken erst langsam ab. Von Fischen der oberen und mittleren Wasserschichten werden sie besonders gern gefressen. Die Flocken gibt es in unterschiedlichen Größen. Für Pflanzenfresser gibt es rein vegetarische Flocken.

Futterpellets oder Futtersticks sind Stäbchen aus gepreßtem Trockenfutter. Sie eignen sich vor allem für größere Fische.

Futtertabletten sind ideal für bodenlebende Fische, da die Tabletten rasch auf den Grund des Aquariums sinken. Es gibt aber auch Hafttabletten, die an die Scheibe geheftet werden. Die Fische fressen dann die Tablette an der Scheibe ab. Hier kannst Du sie bei ihrer Mahlzeit besonders gut beobachten.

Granulatkörner, auch »Krümelfutter« genannt, sind ein sehr hochwertiges Futter. Allerdings nehmen es die Fische nicht immer sofort an. Du mußt sie regelrecht darauf trainieren, die Körner zu fressen. Das gelingt Dir, wenn Du die Körner am Anfang im Wechsel mit Futterflocken anbietest. Es sieht oft so aus, als ob die Fische es nicht mögen. Das stimmt aber nicht. Sie brauchen nur weniger davon, weil das Krümelfutter sehr nahrhaft ist.

Gefrorenes Futter

Fische nehmen gefrorenes Futter gern als Abwechslung zum Trockenfutter. Du solltest es also regelmäßig füttern. Frostfutter ist ein guter Ersatz für Lebendfutter, denn es besteht aus tiefgefrorenen Futtertieren, zum Beispiel Mückenlarven. Es sieht so ähnlich aus wie eine Tafel Schokolade und muß im Frostfach des Kühlschranks aufbewahrt werden. Von der Tafel brichst Du bei jeder Fütterung immer nur soviel ab, wie Du Deinen Fischen gerade gibst. Gefriergetrocknetes Futter besteht ebenfalls aus Futtertieren, die tiefgefro-

Platies drängeln sich um eine Futtertablette. Wenn Du die Tablette an die vordere Scheibe heftest, kannst Du die Fische bei ihrer Mahlzeit beobachten.

Die beiden Goldstaub-Mollies erwarten voller Ungeduld die nächste Fütterung.

ren und getrocknet wurden. Es ist als Zusatzfutter gut geeignet. Die Fische mögen es in der Regel sehr gern, es ist für sie ein echter Leckerbissen.

<u>Lebendfutter</u> gibt es im Zoofachhandel meist als rote oder weiße Mückenlarven zu kaufen. Eigentlich wäre es für Deine Fische das natürlichste Futter. Da es aber oft mit Schadstoffen und Krankheiten belastet ist, rate ich Dir eher davon ab, es zu verfüttern.

Das beste Aufzuchtfutter für Deine Jungfische sind Salinenkrebse. Diese kannst Du selbst züchten (→ Seite 56) und anschließend immer frisch an Deinen Fischnachwuchs verfüttern.

Vitamine und Mineralien

Vitamine und Mineralstoffe sind für Deine Fische genauso wichtig wie für Dich. Im Trockenfutter sind zu wenig Vitamine und Mineralien enthalten. Deshalb solltest Du regelmäßig Mineralpulver (aus dem Zoofachhandel) ins Wasser und täglich 1 Vitamintropfen auf das Frostfutter geben.

PRAXIS
Richtig füttern

Die zwei wichtigsten Grundsätze für die gesunde Ernährung Deiner Fische sind, daß Du abwechslungsreich und vor allem nicht zu viel fütterst. Wenn Du diese Grundsätze immer beherzigst, bleiben Deine Fische lange fit und gesund.

Wie füttern?
Zeichnungen 1 und 2
Flocken, Granulatkörner, gefriergetrocknetes Futter streust Du durch das Futterloch in der Abdeckung auf die Wasseroberfläche (→ Zeichnung 1). Die Fische kommen dann an die Wasseroberfläche geschwommen und fressen von dort die herabrieselnden Flocken weg. Futtertabletten läßt Du im Aquarium einfach zu Boden sinken. Dort können dann die bodenlebenden Fischarten davon fressen (→ Zeichnung 2). Du kannst die Tablette auch an die

1 Flockenfutter wird auf die Wasseroberfläche gestreut.

vordere Scheibe heften. Das hat den großen Vorteil, daß Du dann immer bequem beobachten kannst, wieviel die Fische von der Tablette fressen und wann sie »Nachschub« brauchen. Frostfutter wird für kleinere Fische als gefrorener Würfel mit Vitaminen beträufelt ins Wasser gegeben. Er schwimmt dann an der Oberfläche und taut von außen an. Rote Mückenlarven scheinen sich beim Auftauen sogar zu bewegen. So werden sie selbst von Raubfischen, die sonst nur auf Bewegungen des Futters reagieren, gerne gefres-

2 Von der Futtertablette fressen die Fische, die am Boden leben.

sen. Großen Fischen mußt Du das Frostfutter vorher in einer kleinen Schale mit warmem Wasser auftauen. Sie würden sonst die noch gefrorenen Würfel ganz verschlucken und könnten sich daran empfindlich den Magen verderben. Lebendfutter wie die Salinenkrebse verfütterst Du immer nur frisch aus der Flasche (→ Salinenkrebse züchten, Seite 56). Dazu kippst Du den Flascheninhalt durch den Artemia-Siebsatz

und gibst nur die Krebschen, nicht die Eischalen, ins Aquarium.

Wieviel füttern?
Weil es gar so nett ist, die hungrigen Fische an der Scheibe »betteln« zu sehen, wenn Du ans Aquarium herantrittst, würdest Du Deine Fische vielleicht gerne öfters füttern. Das solltest Du Dir aber verkneifen, denn es bekommt den Fischen gar nicht gut, wenn sie ständig zu viel fressen. Sie werden dann nur träge und leichter anfällig für alle möglichen Krankheiten. Bei jedem Fütterungstermin

mußt Du darauf achten, daß Du den Fischen nicht zu viel zum Fressen gibst.
• Füttere deshalb nur soviel, wie von den Fischen innerhalb von 5 Minuten gefressen wird. Das Futter darf dabei nicht weiter als 5 cm unter die Wasseroberfläche sinken. Übriggebliebenes Futter sammelt sich sonst am Boden und fängt zu schimmeln und zu faulen an. Das aber schadet der Wasserqualität und damit auch der Gesundheit Deiner Fische.

- Verteile pro Fütterung die Menge auf mehrere kleinere Portionen.
- Füttere täglich. Solltest Du einmal keine Zeit haben, ist es besser, eine Fütterung ausfallen zu lassen, als in Eile zu füttern oder jemanden zu bitten, der es nicht richtig kann. Es macht den Fischen nichts aus, einmal einen Tag lang nichts zu fressen. Auch in der freien Natur finden sie nicht immer genügend Futter. Einzige Ausnahme sind die Jungfische. Sie brauchen jeden Tag Futter, damit sie kräftig wachsen können.

Füttern in den Ferien
Zeichnung 3
Wenn Dein Aquarium gut gepflegt ist, kannst Du es ohne Probleme 2 bis 3 Wochen sich selbst überlassen und ohne Sorge in die Ferien fahren. Natürlich mußt Du dafür sorgen, daß Deine Fische regelmäßig ihr Futter bekommen. Fische können zwar ein paar Tage hungern. Aber wenn Du länger weg bist, solltest Du jemanden ha-

3 Praktisch in den Ferien: Der Futterautomat.

7 goldene Fütterungsregeln

1. Füttere nie, wenn Du nicht viel Zeit hast. Du solltest Deine Fische beim Fressen immer aufmerksam beobachten. Alle Fische müssen sofort zum Futter kommen und alles sofort fressen. Wenn Deine Fische nicht fressen, sind sie entweder noch satt von der letzten Fütterung oder es geht ihnen nicht gut (→ Krankheiten, Seite 36).
2. Füttere immer zuerst Flocken. Diese nicht zerreiben (außer für Jungfische).
3. Füttere die Flocken in kleineren Portionen, so daß sie nie weiter als 5 cm absinken, ehe sie gefressen werden. Füttere nur solange, wie sofort gefressen wird.

4. Als »Nachtisch« kannst Du den Fischen dann Frostfutter oder gefriergetrocknetes Futter geben.
5. Füttere nie, wenn Du am Morgen gerade erst das Licht eingeschaltet hast. 30 Minuten später sind Deine Fische nämlich erst richtig wach und können das Futter aufnehmen.
6. Füttere nie, wenn Du gerade am Aquarium etwas verändert hast (Fische herausgefangen oder neu eingesetzt, Wasser gewechselt). Bevor Du neue Fische einsetzt, füttere immer erst die übrigen, die schon im Aquarium sind.
7. Stelle nie zum Füttern den Filter ab, die Fische sind an die Strömung gewöhnt.

ben, der zuverlässig das Füttern für Dich übernimmt.

Füttern üben: Wenn Dich ein Freund, eine Freundin oder jemand aus der Verwandtschaft beim Füttern vertritt, mußt Du das erst mit Deiner Ferienvertretung üben. Am besten zeigst Du Deiner Vertretung genau, wie zu füttern ist. Und es wäre sicherlich nicht schlecht, wenn Deine Vertretung schon vor Deiner Abreise ein paar Mal unter Deiner Aufsicht füttern würde. Ich rate Dir auch, einen Zettel neben das Aquarium zu legen, auf dem die wichtigsten Regeln noch einmal aufgelistet sind. Dann wird sicherlich nichts schiefgehen.

Futterautomat: Du kannst natürlich auch einen Futterautomaten benützen. Es gibt ihn in verschiedenen Ausführungen. Ich habe die besten Erfahrungen mit einem Futterautomaten gemacht, den man einfach an der Abdeckung befestigt (→ Zeichnung 3). Du kannst die Futterzeiten einstellen. Dann fällt das Futter immer zum vorgesehenen Fütterungstermin durch das Futterloch ins Becken.
Mein Tip: Mindestens 14 Tage, bevor Du wegfährst, solltest Du den Futterautomaten einsetzen. So siehst Du, ob er zuverlässig funktioniert. Und Du kannst auch gleich die richtige Portionsgröße herausfinden.

Fischkrankheiten vorbeugen und heilen

»Gesund und munter wie ein Fisch im Wasser« lautet ein Sprichwort. Das gilt leider nicht immer, denn Deine Fische können auch einmal krank werden. Du kannst Krankheiten zwar nicht vermeiden, aber Du solltest versuchen zu verhindern, daß eine Krankheit ausbricht.

Die 10 Gebote zum Vorbeugen
Vorbeugen ist immer besser als heilen.
1. Filter stets gut pflegen (→ Seite 44).
2. Pflanzenvielfalt und Pflanzenwuchs im Aquarium fördern (→ Seite 47).
3. Für ausreichend Sauerstoff im Wasser durch gute Pflanzenpflege sorgen.
4. Kräftige, gesunde Fische kaufen, die gut zueinander passen (→ Seite 18).
5. Regelmäßig, abwechslungsreich und nicht zu viel füttern (→ Seite 34).
6. Regelmäßig Vitamine und Mineralien zugeben (→ Seite 33).
7. Regelmäßig Wasser wechseln, dabei Aufbereitungsmittel und Schleimhautschutz zugeben (→ Seite 46).
8. Temperaturstürze beim Wasserwechsel (→ Seite 46) durch zu kaltes Wasser vermeiden.
9. Nur eine Pflegemaßnahme am gleichen Tag durchführen (→ Seite 46).
10. Tote Fische sofort entfernen.

Krankheiten erkennen und behandeln
Beim Füttern siehst Du am schnellsten, ob es einem Deiner Schützlinge nicht gut geht. Wer keine Lust zum Fressen hat, der fühlt sich auch nicht wohl. Es gibt aber auch noch andere Anzeichen von Krankheiten. Diese und die richtige Behandlung sind bei den häufigsten Fischkrankheiten (→ Seite 38) aufgelistet. Da sich Krankheiten im Aquarium oft »blitzartig« ausbreiten, mußt Du rasch handeln. Je eher Du etwas unternimmst, desto größer sind die Chancen auf Heilung.

• Notiere alle Verhaltensänderungen und Krankheitsanzeichen bei Deinen Fischen, damit Du sie möglichst genau beschreiben kannst.
• Gehe mit dieser Liste zum Zoofachhändler oder Tierarzt und laß Dir ein Medikament geben.
• Reinige den Filter, bevor Du das Medikament ins Wasser gibst.
• Halte Dich genau an die in der Packungsbeilage angegebene Dosierung. Sie bezieht sich immer auf den Wasserinhalt. Den kannst Du ausrechnen: Länge x Höhe x Breite in cm, geteilt durch 1000 ergibt den Beckeninhalt in Litern (60x30x30 cm ergibt 54 Liter).
• Verwende niemals Medikamente und Aufbereitungsmittel zusammen, sonst wirkt die Medizin nicht richtig.
• Erhöhe den Sauerstoffgehalt (→ Sprudelstein, Seite 7).

Was Du zusätzlich noch tun kannst
Unterstützend zur Behandlung kannst Du die sogenannte »Saunamethode« anwenden. Dabei wird die Wassertemperatur erhöht. Die Erreger vermehren sich, die Krankheit kommt voll zum Ausbruch, und das Medikament kann alle Erreger wirksam bekämpfen.
<u>Und so gehst Du dabei vor:</u>
• Wechsle ein Drittel des Wassers, ohne Aufbereitungsmittel zuzugeben.
• Erhöhe die Temperatur an 2 aufeinanderfolgenden Tagen um jeweils

Mit seinem Saugmaul raspelt dieser Wels die Algen von den Aquarienscheiben.

Das Schönste an den Guppies sind ihre farbenprächtigen Schwanzflossen.

höchstens 2 °C. Mehr als 32 °C darf die Wassertemperatur nicht betragen, das vertragen die Fische nicht.
• Erhöhe den Sauerstoffgehalt.
• Gib das Medikament in der angegebenen Dosierung zu.
In der Regel sind 8 Tage nach Beginn der Behandlung die äußeren Anzeichen der Krankheit verschwunden. Dann Wassertemperatur wieder absenken, normal füttern und Vitamine zugeben. Ansonsten das Aquarium vorläufig in Ruhe lassen.

Nach weiteren 8 Tagen erneut ein Drittel des Wassers wechseln, diesmal aber Aufbereitungsmittel zugeben.
<u>Nach Behandlung mit Medikamenten:</u>
Es kann nötig sein (zum Beispiel bei Verfärbung des Wassers), das Wasser über Kohle zu filtern (→ Seite 7). Filterkohle trocken in einen Filterbeutel geben und mit Filterwatte abdecken. Sie hält den Kohlenstaub fest. Die Wirkung der Kohle ist nach 1 Woche erschöpft. Kohle dann wegwerfen, nicht wiederverwenden!

Häufige Krankheiten

Daß ein Fisch krank ist, bemerkst Du daran, daß er sich anders verhält und/oder daß sich sein Aussehen verändert. Du mußt sofort etwas dagegen unternehmen. Bei den nachfolgenden Krankheitsbildern sage ich Dir, wie Du die kranken Fische richtig behandelst.

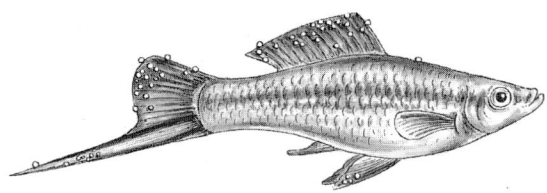

Schwertträger mit Weißpünktchen-Krankheit

Krankheiten durch Pflegefehler

1. Krankheitsbild: Farben verblassen oder verändern sich ins Gegenteil (helle Farben werden dunkel oder umgekehrt); Fisch schnappt an der Wasseroberfläche nach Luft; Fisch macht unkontrollierte Schwimmbewegungen, taumelt, dreht sich um sich selbst oder stößt sich am Aquarium.
• Diagnose: Vergiftung durch Chemikalien.
• Ursachen: Putzmittelreste im Eimer, der zur Aquarienpflege verwendet wird; Überdüngung der Aquarienpflanzen; giftige Dämpfe, die von außen ins Aquarium gelangen (zum Beispiel Haarspray, Pflanzenschutzmittel für die Zimmerpflanzen).
• Gegenmaßnahmen: Totaler Wasserwechsel, Aufbereitungsmittel und Schleimhautschutz zugeben. 2 Tage lang Fische nicht füttern. Filter überprüfen. Fische genau beobachten. Da die Abwehrkräfte geschwächt sind, können auch noch andere Krankheiten auftreten.

2. Krankheitsbild: Farben verblassen langsam; Fisch verhält sich ruhig und schwimmt in Schräg- bis Seitenlage; er bekommt Glotzaugen und atmet rasch; die Haut an den Augen wird allmählich trüb.
• Diagnose: Langsame Vergiftung durch schlechte Wasserqualität.
• Ursachen: Nach Generalreinigung des Aquariums zu viele Maßnahmen auf einmal durchgeführt; falsches oder schlechtes Wasser (Regenwasser, Quellwasser) beim Wasserwechsel; Faulgase im Boden; ungeeignetes Dekomaterial. Fische haben Schleimhautverletzung.
• Gegenmaßnahmen: Ein Drittel des Wassers wechseln; Sauerstoffgehalt erhöhen; entsprechende Medikamente geben; Fische 3 Tage nicht füttern.

Krankheiten durch Parasiten

3. Krankheitsbild: Fisch frißt nicht, schaukelt, zuckt mit den Flossen. Weiße Punkte zunächst auf den Flossenrändern, später am ganzen Körper.
• Diagnose: Weißpünktchenkrankheit (→ Zeichnung links oben).
• Ursache: Parasitenbefall.
• Gegenmaßnahmen: Abtöten des Parasiten mit entsprechenden Medikamenten. Zusätzlich »Saunamethode« (→ Seite 36).

4. Krankheitsbild: Grießartiger Pünktchenbefall, Pünktchen mehr gelblich als weiß (vor allem bei Barben, Bärblingen und Killifischen).

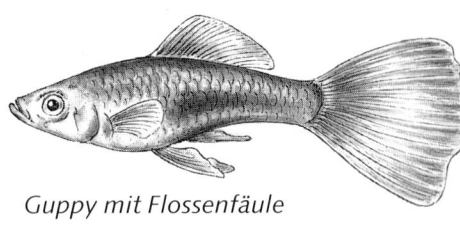

Guppy mit Flossenfäule

- Diagnose: Samtkrankheit.
- Ursache: Pilzbefall.
- Gegenmaßnahmen: Wie bei Weißpünktchenkrankheit.

5. Krankheitsbild: Geschwüre, die aufbrechen; entzündete Stellen mit weißen Rändern (oft bei Labyrinth- und Goldfischen).
- Diagnose: Stoffwechselstörung.
- Ursache: Schlechte Wasserwerte; Parasitenbefall an den Wundrändern.
- Gegenmaßnahmen: Filtermasse auswaschen; ein Drittel des Wassers wechseln; entsprechende Medikamente.

Black Molly mit Schleimhaut-Verpilzung

6. Krankheitsbild: Flossen fransen aus und sterben ab; Farben verblassen (oft bei Guppy und Schleierschwanz).
- Diagnose: Flossenfäule (→ Zeichnung S. 38, rechts unten).
- Ursachen: Verletzung beim Transport; Sauerstoffmangel; Parasitenbefall.
- Gegenmaßnahmen: Sauerstoffgehalt erhöhen, ein Drittel des Wassers wechseln; Filtermasse auswaschen; entsprechende Medikamente; Vitamine geben.

7. Krankheitsbild: Farben verblassen am Rücken und Schwanz, Fische werden weiß (bei Salmlern und Barben).
- Diagnose: Neonkrankheit.
- Ursachen: Parasitenbefall.
- Gegenmaßnahmen: Schwierig; mit entsprechenden Medikamenten wird

die Ausbreitung der Parasiten verhindert; Vitamine zufüttern.

8. Krankheitsbild: Watte- und schimmelartige Beläge.
- Diagnose: Verpilzung nach Schleimhautverletzung (→ Zeichnung, links).
- Ursache: Mechanische Verletzung zerstört die Schleimhaut, diese wird von Pilzen zerstört.
- Gegenmaßnahmen: Ein Drittel des Wassers wechseln, keinen Aufbereiter verwenden; entsprechende Medikamente geben; Sauerstoffgehalt erhöhen; Vitamine zufüttern. Nach der Behandlung Filtermasse auswaschen.

Krankheiten durch Bakterien oder Viren
9. Krankheitsbild: Fisch wird immer dikker, droht zu platzen; Schuppen stehen ab (oft bei Schleierschwänzen, Barben und Schmerlen).
- Diagnose: Bauchwassersucht (→ Zeichnung, unten rechts).
- Ursache: Bakterien- oder Virusinfektion. Stoffwechselstörung durch falsches oder zuviel Futter ruft ein ähnliches Aussehen hervor.
- Gegenmaßnahmen: Wenn möglich, kranke Fische in einem anderen Becken halten. Stoffwechsel durch Salzzugabe (1 Gramm Salz pro Liter Wasser) anreizen; Sauerstoffgehalt und Temperatur erhöhen; Fische nicht füttern; entsprechende Medikamente geben.

Sumatrabarbe mit Bauchwassersucht

Wendtscher Wasserkelch

Carolina-Haarnixe

Der Javafarn ist eine anspruchslose und dekorative Pflanze.

Argentinische Wasserpest

Amazonas-Schwertpflanze

Hornfarn

Geeignete Aquarien-pflanzen und ihre Pflege

Pflanzen spielen eine große Rolle in Deinem Aquarium. Sie sind nicht nur hübsch als Dekoration, sondern übernehmen gleichzeitig auch noch viele wichtige Aufgaben.

Wozu sind die Pflanzen gut?

Sie liefern Sauerstoff, den die Fische – genau wie wir Menschen und alle anderen Lebewesen – zum Atmen benötigen. Das geschieht bei der Photosynthese (→ Kleines Lexikon, Seite 58). Um sie zu betreiben, brauchen die Pflanzen Licht als Energie. Deshalb ist im Aquarium eine Beleuchtungsdauer von 12 bis 14 Stunden täglich nötig (→ Seite 4). Die Pflanzen liefern bei der Photosynthese aber nicht nur Sauerstoff. Sie entnehmen dabei dem Wasser auch Kohlendioxid, das die Fische beim Ausatmen abgeben. Zwischen Fischen und Pflanzen kommt es zu einem regelrechten Austausch von Sauerstoff und Kohlendioxid (→ Die perfekte Wasserwelt, Seite 19).

Sie reinigen das Wasser von Stoffen, die für die Fische giftig sind. Zum Beispiel benötigen die Pflanzen für ihr Wachstum Stickstoff. Diesen geben die Fische mit ihren Ausscheidungen ab. Stickstoff würde mit der Zeit das Aquarienwasser vergiften. Daß das nicht passiert, dafür sorgen die Pflanzen. Sie nehmen den Stickstoff mit ihren Blättern oder Wurzeln auf und entfernen ihn so aus dem Wasser. Sie tragen damit wesentlich zu einem gesunden Aquarienwasser bei.

Sie bieten Verstecke, so daß sich Fische im Pflanzendickicht gut verbergen können, wenn sie sich einmal zurückziehen und ihre Ruhe haben wollen. Neu eingesetzte Fische können sich zwischen den Pflanzen verstecken und die neue Umgebung erst einmal beobachten. Jungfische sind im Pflanzengewirr sicher vor Raubfeinden. Pflanzen bilden auch markante Punkte, um Reviere abzugrenzen. Und sie bieten Schatten für Fische, die nicht nur im hellen Licht schwimmen wollen.

Sie dienen als Ablaichplatz, da viele Fische während ihrer Laichzeit eine Vorliebe für ganz bestimmte, meist feinfiedrige, Pflanzen haben. Ohne diese Pflanzen im Aquarium fehlt den Fischen der Anreiz, abzulaichen. Wenn Du also einmal Fische züchten möchtest, mußt Du die Lieblingspflanzen Deiner Fische genau kennen. Erkundige Dich bei Deinem Zoofachhändler, er wird Dir sicher weiterhelfen und einige gute Tips geben.

Können Fische auch ersticken?

Nur die Labyrinthfische können tatsächlich ersticken. Da ihre Kiemen verkümmert sind, atmen sie mit dem Labyrinth (→ Kleines Lexikon, Seite 58) hauptsächlich Luft an der Wasseroberfläche ein. Werden sie daran gehindert, an die Oberfläche zu kommen, können sie ersticken. Aber auch die anderen Fische brauchen, um leicht atmen zu können, immer genügend Sauerstoff im Wasser. Dafür sorgen die Pflanzen. Und Du mußt dafür sorgen, daß in Deinem Aquarium viele Pflanzen sind und diese gut wachsen.

Pflanzen sind sehr wichtig im Aquarium. Sie liefern Sauerstoff, nehmen das von den Fischen ausgeschiedene Kohlendioxid auf und helfen, die Abfallstoffe zu beseitigen.

Was brauchen die Pflanzen?

Damit die Pflanzen gut im Aquarium wachsen können, brauchen sie optimale Bedingungen:

• Bodengrund, in dem die Wurzeln Halt finden (→ Seite 8).
• 12 bis 14 Stunden täglich Licht, um genügend lange Photosynthese betreiben zu können (→ Seite 4).
• Genügend Nährstoffe durch regelmäßiges Düngen (→ Seite 47), vor allem Eisen und Stickstoff.
• Genügend Kohlendioxid zur Photosynthese (→ Kleines Lexikon, Seite 58). Je mehr Kohlendioxid sie zur Verfügung haben, desto besser können die Pflanzen im Aquarium das Überangebot an Stickstoff, das von den Ausscheidungen der Fische kommt, verarbeiten.
• Schwache Wasserzirkulation durch den Filter, damit Nährstoffe und Kohlendioxid im Becken gleichmäßig verteilt werden (→ Filter, Seite 6).
• Regelmäßiger Rückschnitt rasch wüchsiger Pflanzen, die ansonsten die anderen überwuchern (→ Pflanzen pflegen, Seite 47).

Pflegeleichte Pflanzen

Wie schon die Fische, so müssen auch die Pflanzen zueinander passen und die gleichen Ansprüche an die Beckengröße und die Wassertemperatur haben. Alle Pflanzen aus meinem Bepflanzungsvorschlag (→ Seite 15) kannst Du problemlos in Dein Aquarium setzen. Hier beschreibe ich auch noch andere Pflanzen, die sich ebenfalls gut für Dein Aquarium eignen, und gebe Dir Tips, wie Du sie am besten vermehrst.

Rosettenbildende Pflanzen

Dazu gehören alle Pflanzen, bei denen die Blätter von einem Punkt aus nach der Art einer Rosette wachsen.

Cryptocorynen (Wasserkelche; → Foto Seite 40): Der deutsche Name kommt von den kräftig gelb oder blau gefärbten Blütenkelchen, die sich oft über den Wasserspiegel erheben. Cryptocorynen vermehren sich im Aquarium durch Ableger (→ Lexikon, Seite 58) im Boden. Zuerst bildet sich die Wurzel, dann das Blatt. Alle Cryptocorynen haben sehr empfindliche Wurzeln. Deshalb mußt Du beim Einpflanzen darauf achten, daß Du die Wurzeln nicht mit den Fingern quetschst (→ Pflanzen einsetzen, Seite 15).

Sagittarien (Pfeilkräuter) und Vallisnerien (Wasserschrauben): Sie sind in ihrer Vermehrung und Pflege den Cryptocorynen sehr ähnlich. Sagittarien wachsen auch bei niedrigen Temperaturen und eignen sich deshalb für Goldfischaquarien.

Echinodorusarten (Amazonas-Schwertpflanzen): In der Natur stehen sie meist allein. Sie sind sehr dekorativ und im Aquarium gut als Einzelpflanze einzusetzen (zum Beispiel Rötliche Amazonas-Schwertpflanze; → Foto Seite 40). Sie vermehren sich mit Ablegern. Das sind lange Stengel, die sich meist über die Mutterpflanze emporheben und oft aus dem Wasser herauswachsen. An diesen Stengeln entwickelt sich zuerst das Blatt und später die Wurzel. Es bilden sich an den Ablegern zahlreiche Blüten und Tochterpflanzen gleichzeitig. Die Mutterpflanze wird dadurch oft so geschwächt, daß sie stirbt. Regelmäßig Düngen mit Stickstoff und Eisen ist daher für die Echinodorus-Arten besonders wichtig (→ Pflanzen pflegen, Seite 47).

Mein Tip: Sobald sich ein Ableger entwickelt, schneidest Du bis auf 2 Augen von der Mutterpflanze aus gezählt alles ab. Augen nennt man die Punkte am Stengel, von denen aus sich die Blüten oder Tochterpflanzen bilden.

Anubiasarten

Zu deutsch heißen diese Pflanzen auch Afrikanische Speerblätter (→ Zeichnung unten). Sie sind attraktiv, sehr anpassungsfähig und wachsen selbst dort, wo andere Pflanzen Licht wegnehmen, gut. Als Wurzelform haben sie ein Rhizom (→ Kleines Lexikon, Seite 59), das kriechend wächst und nacheinander immer erst das Blatt und dann die Wurzeln bildet. Die Vermehrung ist einfach. Die Pflanze läßt sich mit einem Messer leicht teilen. Das abgeschnittene Stück klemmst Du zwischen 2 Steine oder bindest es auf die Wurzel. Sie wächst dann sofort. Du darfst sie allerdings nicht in den Kies einsetzen, weil die Wurzeln sonst zu faulen beginnen. Anubiasarten eignen sich hervorragend als Einzelpflanze, die Du zum Beispiel auf Deine Aquarienwurzel mit einem Perlonfaden bindest.

Stengelpflanzen

Zu ihnen gehören alle Pflanzen, bei denen die Blätter an einem Stengel sitzen, also nicht aus einem Punkt herauswachsen (zum Beispiel Argentinische Wasserpest und Carolina-Haarnixe; → Fotos, Seite 40). Die Wachstumsknoten am Stengel sind in der Lage, Blüten und Ableger zu bilden sowie Seitentriebe und weiße Wurzeln zu treiben, die auch Luftwurzeln genannt werden. Stengelpflanzen müssen regelmäßig zurückgeschnitten werden. Sie sind leicht zu vermehren. Du brauchst sie nur so zu kürzen, wie ich das auf Seite 47 beschreibe.

Farne

Wie alle Farne sind auch Aquarienfarne (zum Beispiel Javafarn; → Foto, Seite 40) leicht daran zu erkennen, daß das jüngste Blatt wie ein Schneckenhaus eingerollt ist und sich beim Auswachsen erst ausrollt. Farne sind sehr vermehrungsfreudig. Die Jungpflanzen entwickeln sich an der Blattunterseite der Mutterpflanze. Schwarze Flecken in Farnblättern sind bei älteren Blättern normal, an ihnen bilden sich die Jungpflanzen. Selbst ausgerissene Blattstücke ohne Wurzeln können vollständige, neue Pflanzen entstehen lassen.

Schwimmpflanzen

Zu dieser Gruppe zählen Pflanzen, die meist an der Wasseroberfläche treiben, ohne fest zu verwurzeln. Manche Farne, zum Beispiel Hornfarn (→ Foto, Seite 40), sind Schwimmpflanzen. Im Aquarium schatten sie stark ab und verhindern so, daß sich ein buschiger Pflanzenwuchs in den unteren Wasserschichten ausbildet. Günstig sind Schwimmfarne jedoch für Fische, die Schaumnester bauen (→ Kleines Lexikon, Seite 59), und für Oberflächenfische als Verstecke. Wenn Du keine dieser Fischarten in Deinem Aquarium pflegst, solltest Du auf Schwimmpflanzen lieber verzichten.

Die Anubias ist eine dekorative und pflegeleichte Wasserpflanze.

Die Pflege des Aquariums

Die Rubinbarben erhielten ihren Namen von ihrer leuchtend roten Färbung. Besonders schön zur Geltung kommen sie in einem dicht bepflanzten Aquarium.

Der Lebensraum Wasser

Für uns Menschen ist die Luft das Element, in dem wir leben, für die Fische ist es das Wasser. Genauso wie wir am liebsten frische, saubere Luft atmen, wollen auch die Fische in reinem, frischem Wasser schwimmen. Nur dann bleiben sie gesund und fühlen sich wohl. Damit Dein Aquarium immer »gutes« Wasser enthält, muß es regelmäßig gepflegt werden. Die wichtigsten Anforderungen an das Aquarienwasser sind:
- genügend Sauerstoff,
- genügend Kohlendioxid,
- wenig Abfallstoffe,
- wenig Algen und Schnecken.

Sauerstoffgehalt fördern

Sauerstoff brauchen alle Lebewesen, also Menschen, Tiere und Pflanzen, für ihre Atmung. Er ist in der Luft und im Wasser enthalten. Im Aquarium atmen die Fische Sauerstoff ein, die Filter- und Bodenbakterien benötigen ihn beim Abbau der Abfallstoffe (→ Filter pflegen, rechts).
Damit die Fische überleben und die Bakterien immer gut »arbeiten« können, muß immer genügend Sauerstoff im Aquarienwasser vorhanden sein. Das erreichst Du durch eine dichte Bepflanzung (→ Wozu sind die Pflanzen gut, Seite 41).
Pflegetip: Die Pflanzen müssen regelmäßig gedüngt, die raschwüchsigen Arten rechtzeitig zurückgeschnitten werden, damit sie nicht die anderen langsamer wachsenden Arten überwuchern (→ Pflanzen pflegen, Seite 47).

Kohlendioxid zusätzlich anbieten

Kohlendioxid fällt bei der Atmung der Fische und der Tätigkeit der Filter- und Bodenbakterien an. Es ist ein wichtiger Nährstoff für die Pflanzen. Sie benötigen ihn in großen Mengen zur Photosynthese (→ Kleines Lexikon, Seite 58). Pflegetip: Du kannst den Pflanzen zusätzlich Kohlendioxid mit dem CO_2-Diffusor (→ Seite 7) anbieten.

Filter pflegen

In jedem Aquarium, auch wenn es noch so sorgfältig gepflegt wird, entsteht laufend eine Menge Schmutz durch Kot, Futterreste und verwesende Tier- und Pflanzenteile. Dieser für die Fische giftige »Müll« wird von vielen nützlichen Helfern – den Bakterien im Filter, im Boden und im Wasser – »gefressen« und in unschädliche Stoffe umgewandelt. Manche von diesen Stoffen nehmen die Pflanzen dann wieder auf und verwerten sie als Nährstoffe (zum Beispiel Stickstoff und Kohlendioxid).
Die Bakterien, die sich im Schaumstoff des Filters angesiedelt haben (→ Filtermaterialien, Seite 7), zersetzen den angesaugten Schmutz. Das funktioniert allerdings nur dann, wenn der Filter regelmäßig gereinigt wird.
Pflegetip: Etwa alle 4 Wochen mußt Du den Schaumstoff mit handwarmem (nie kochend heißem) Wasser auswaschen. Reinigungsmittel darfst Du dabei nicht verwenden, sie töten die Bakterien. Anschließend Schaumstoff ausdrücken und weiterverwenden. Du brauchst ihn erst zu wechseln, wenn er seine Form verliert.

Die Rückenschwimmenden Kongowelse suchen eine Wurzel nach Freßbarem ab.

Algen bekämpfen

Algen gehören zu einem Aquarium wie Fische und Pflanzen. Du solltest nur darauf achten, daß die Algen nicht überhand nehmen. Sie treten immer dann vermehrt auf, wenn die Pflanzen die Nährstoffe, die von den Bakterien bereitgestellt werden, nicht vollständig verbrauchen können.

Pflegetip: Eine biologische Algenbekämpfung ist für Dein Aquarium am besten. Wenn Du Deine Pflanzen immer optimal mit Nährstoffen versorgst (→ Düngen, Seite 47), werden die Pflanzen die Algen im Wachstum überholen und ihnen die Nährstoffe wegnehmen. Den Algen bleibt dann immer weniger übrig, und sie wachsen nicht so stark. Zusätzlich sollten noch sogenannte Algenfresser in Deinem Aquarium leben. Das sind Fischarten, die sich hauptsächlich von Algen ernähren. Sie halten den Algenwuchs so kurz, daß er nicht mehr stört. Ich empfehle Dir Rüsselbarben und Antennenwelse (→ Besetzungsvorschläge, Seite 31).

PRAXIS
Richtig pflegen

Die Pflege Deines Aquariums ist nicht aufwendig, wenn Du die notwendigen Arbeiten regelmäßig durchführst. Du darfst allerdings am gleichen Tag immer nur eine der hier geschilderten Arbeiten machen, sonst ist der Streß für die Fische zu groß.
Wichtiger Hinweis: Vor allen Reinigungsarbeiten am Aquarium immer Stecker aus der Steckdose ziehen.

Wasser wechseln
Zeichnung 1
Jede Woche solltest Du ein Drittel des Wassers wechseln (nicht mehr, sonst verändert sich die Wasserqualität zu stark). Am einfachsten läßt Du das Wasser aus dem Aquarium mit einem Schlauch in einen Eimer ab.
Wasser ablassen: Den Eimer auf den Fußboden neben das Aquarium stellen. Dieser Höhenunterschied ist wichtig, denn sonst funktioniert das Wasserablassen nicht. Dann den Schlauch

(→ Einkaufsliste, Seite 11) an der Wasserleitung mit Wasser füllen und beide Enden mit den Daumen verschließen. Ein Schlauchende ins Aquarium, das andere in den Eimer halten. Jetzt zuerst den Daumen vom Schlauchende im Aquarium, danach den Daumen vom Schlauchende im Eimer nehmen. Schon läuft das Wasser in den Eimer. Wenn Du den Schlauch dabei dicht über den Bodengrund ziehst, reicht der Sog aus, um Futterreste, Mulm und Algen mit abzusaugen. Deine Hand im Eimer sollte immer am Schlauchende bleiben, so kannst Du es sofort verschließen, wenn ein Fisch dem Sog des Schlauches zu nahe kommt. Der Fisch kann dann wieder wegschwimmen. Wird ein Fisch angesaugt, fängst Du ihn mit dem Fischnetz aus dem Eimer heraus und setzt ihn zurück ins Becken.
Wasser ersetzen: Das abgesaugte Wasser wegkippen und durch die gleiche Menge handwarmen Leitungswassers ersetzen (→ Wasser einfüllen, Seite 14). Wasseraufbereitungsmittel und Schleimhautschutz zufügen.

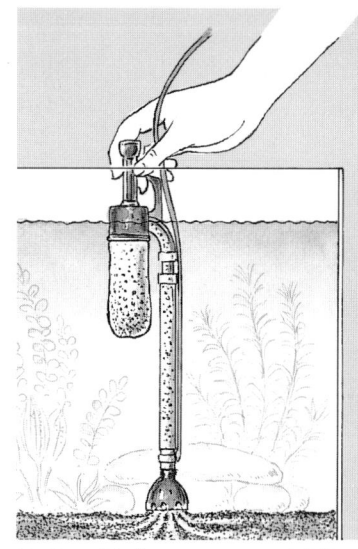

2 Den Mulmsauger vorsichtig über den Kies ziehen, um die Wurzeln nicht zu verletzen.

Mulm absaugen
Zeichnung 2
Einmal in der Woche solltest Du den Mulm absaugen. Mit dem Schlauch kannst Du den Mulm ganz einfach während des Wasserwechsels absaugen (→ Wasser ablassen, links).
Im Zoofachhandel kannst Du aber auch einen Mulmsauger kaufen, der mit einer Sauerstoffpumpe (→ Seite 7) betrieben wird. Er funktioniert im Prinzip wie ein Staubsauger. Den Mulmsauger vorsichtig über dem Kies hin und her bewegen. Dabei nicht zu fest auf den Boden drücken, sonst wird das feine Wurzelwerk der Pflanzen zerstört. Den Beutel am Mulmsauger, in dem sich der Mulm ansammelt, anschließend ausspülen.

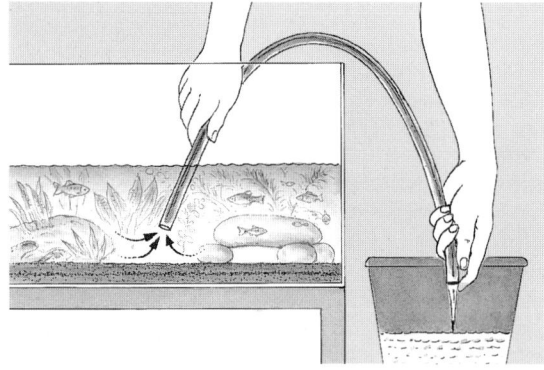

1 Mit Eimer und Schlauch geht das Wasserablassen ganz einfach.

3 Der Algenbewuchs an den Scheiben läßt sich leicht mit dem Klingenreiniger entfernen.

Scheiben reinigen
Zeichnung 3

Einmal pro Woche müssen die Scheiben gereinigt werden. Die Glasscheiben außen mit einem feuchten Lappen abwischen. Die Innenseiten kannst Du mit einem Algenmagneten oder einem Klingenreiniger (→ Sonstiges Zubehör, Seite 10) reinigen.

Der Algenmagnet besteht aus 2 Magneten. Der mit dem »Putzbelag« wird innen an der Scheibe befestigt, der andere von außen dagegengehalten. Wird der äußere Magnet bewegt, geht der innere Magnet mit und schabt die Algen von den Scheiben.

Der Klingenreiniger ist ein Schaber an einem Stiel und enthält eine Rasierklinge (→ Zeichnung 3). Mit der Klinge werden die Algen weggeschabt.

Pflanzen pflegen
Zeichnung 4

Düngen: Die wichtigsten Dünger sind Eisen und Stickstoff. Eisen brauchen die Pflanzen, um Blattgrün zu bilden, Stickstoff, um Blätter aufzubauen.

• Den Dünger genau nach Gebrauchsanweisung dosieren.
• Mit Flüssigdünger nach jedem Wasserwechsel düngen.
• Eisentabletten auf den Kies legen. Stickstofftabletten in den Kies neben die Pflanze stecken, wenn sie keine schönen Blätter mehr bildet.
• Kohlendioxid auf Vorrat halten (→ CO_2-Diffusor, Seite 7).

Stengelpflanzen kürzen: Mit der richtigen Pflege wachsen Stengelpflanzen so üppig, daß sie regelmäßig gestutzt werden müssen. Sobald eine Pflanze an der Wasseroberfläche entlangwächst, ist es Zeit für den Rückschnitt.

• Mit einer Schere zwei Drittel des Stengels abschneiden. Nach 2 Wochen treibt die Pflanze neu aus und wächst jetzt buschiger.
• Den abgeschnittenen Stengel kannst Du wieder einpflanzen. Dazu den Stengel flach auf den Kies legen und mit einem Stein beschweren. Bald treibt er neue Wurzeln aus.

Weitere Arbeiten: Von den Schwimmpflanzen alle 3 Monate die Hälfte wegnehmen. Abgestorbene Pflanzenteile von den Pflanzen wegzupfen, lose Blätter aus dem Aquarium entfernen.

Zeitplan für regelmäßig anfallende Arbeiten

Täglich: Aussehen und Verhalten der Fische beobachten; Temperatur kontrollieren; Geräte überprüfen, ob sie funktionieren; Kohlendioxid zugeben.

Wöchentlich: Ein Drittel des Wassers wechseln, dabei Mulm und lose Blätter absaugen; Wasseraufbereitungsmittel mit Schleimhautschutz zugeben; Glasscheiben reinigen; 1 Eisen-Düngetablette in den hinteren Bereich des Aquariums geben.

Monatlich: Pflanzen schneiden; Filter reinigen (→ Seite 44).

Halbjährlich: Leuchtstoffröhre auswechseln, da ihre Leistung nach einer Zeit nachläßt.

Bei Bedarf: Futterreste absaugen; abgestorbene Blätter entfernen; tote Fische herausnehmen; Schnecken absammeln.

4 Den abgeschnittenen Stengel mit einem Stein beschweren. Bald treibt er neue Wurzeln aus.

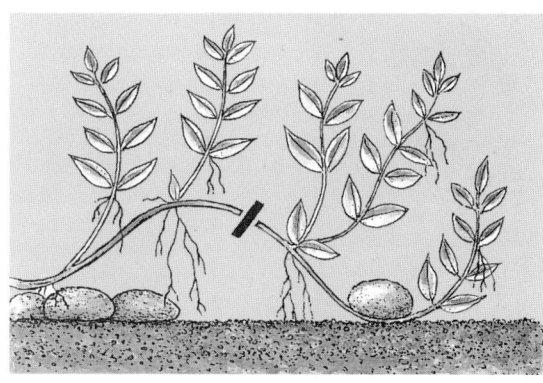

Das Zwergfadenfisch-Männchen (rechts) wirbt um ein Weibchen.

Schnecken unter Kontrolle halten

Schnecken kannst Du Dir über die Pflanzen in Dein Aquarium einschleppen. An ihnen klebt meist etwas Schneckenlaich. Das macht aber nichts, denn Schnecken sind nützlich als »Müllentsorger«: Sie fressen Futterreste, absterbendes Pflanzenmaterial, Algen und tote Fische. Sie sollten nur nicht überhand nehmen.

Pflegetip: Wenn Du zu viele Schnecken im Aquarium hast, mußt Du sie entfernen. Das gelingt Dir am einfachsten, wenn Du eine Art »Schneckenfalle« aufstellst. Du fütterst zunächst Deine Fische und legst dann auf einen flachen Stein 1 bis 2 Futtertabletten. Nach einiger Zeit finden sich dort immer mehr Schnecken ein, die an den Futtertabletten fressen. Du brauchst sie nur noch einzusammeln und auf den Kompost zu geben.

Das Aquarium in den Ferien

Wenn Du eine Vertretung hast: Am einfachsten ist es, wenn Du jemanden kennst, der für Dich die Pflege übernimmt, solange Du in den Ferien bist. Mache es Deinem Freund oder Deiner Freundin so einfach wie möglich.
• Übe mit Deiner Vertretung alle wichtigen Handgriffe und zeige vor allem, wie richtig gefüttert wird.
• Schreibe die wichtigsten Handgriffe zusammen und lege diesen Merkzettel neben das Aquarium. Notiere auch die Adresse Deines Ferienaufenthalts sowie Telefonnummer und Adresse Deines Zoofachhändlers, an den sich Deine Vertretung wenden kann.

Mein Tip: Versorge am besten schon während der letzten Tage vor Deiner Abreise gemeinsam mit Deiner Vertretung das Aquarium. So kannst Du auf alle Fragen antworten, und Dein

Freund oder Deine Freundin hat genügend Gelegenheit, sich mit allen Arbeiten vertraut zu machen.

Wenn Du keine Vertretung hast:
Wenn Du niemanden kennst, der Dein Aquarium während Deiner Abwesenheit zuverlässig pflegt, kannst Du es getrost 2 bis 3 Wochen lang allein lassen. Du solltest das Aquarium dann nur entsprechend vorbereiten:
• Setze einige Wochen vor Deiner Abreise keine neuen Fische mehr ein. Du hast sonst keine Kontrolle über eventuell eingeschleppte Krankheiten.
• Bringe 2 Wochen vorher den Futterautomaten an. Die Fütterung erfolgt dann nur noch über den Automaten (→ Seite 35).
• Überprüfe in der letzten Woche jeden Tag alle technischen Geräte, ob sie funktionieren.
• Wasche 3 Tage vorher den Schaumstoff des Filters aus (→ Filter pflegen, Seite 44).
• Wechsle 2 Tage vorher ein Drittel des Wassers und sauge gleichzeitig den Mulm im Becken ab. Gib dem frischen Wasser Aufbereitungsmittel zu (→ Seite 46).

Erste Hilfe bei mangelhafter Wasserqualität

Wenn Du Dein Aquarium einmal einige Zeit etwas vernachlässigt hast, kann sich die Wasserqualität verschlechtern. Das kann sogar für Deine Fische gefährlich werden. Zunächst wirst Du zwar noch keine Anzeichen von Unbehagen bei Deinen Fischen merken. Solange sie genügend Sauerstoff im Wasser haben, passiert nichts. Bei der kleinsten Änderung allerdings (zum Beispiel durch die Filterreinigung oder einen Wasserwechsel), kann es dann aber plötzlich zur »Katastrophe« kommen: Bei den Fischen treten deutliche Vergiftungserscheinungen auf.

Anzeichen: Daß die Gesundheit Deiner Fische ernsthaft bedroht ist, erkennst Du an folgenden Anzeichen:
• Die Fische hängen dicht unter der Wasseroberfläche und atmen heftig;
• sie schnappen nach Luft;
• sie verweigern das Futter;
• sie zeigen Gleichgewichtsstörungen.
Nun heißt es rasch handeln. Du mußt »Erste Hilfe« leisten, wenn Du Deine Fische noch retten willst.

Erste-Hilfe-Notprogramm: Die folgenden Maßnahmen mußt Du 2 bis 3 Wochen lang zuverlässig durchführen, sonst bringen sie keinen Erfolg:
• Bodengrund mit den Fingern vorsichtig lockern, damit eventuell vorhandene Faulgase entweichen. Bodengrund dabei aber nicht aufwühlen.
• Sofort und dann jeweils einmal pro Woche ein Drittel des Wassers wechseln. Dabei weniger Wasser nachfüllen, so daß der Wasserspiegel etwa 5 cm tiefer liegt als normal.
• Sofort und dann wieder nach 14 Tagen den Filter reinigen.
• Ständig Sauerstoff mit Sprudelstein (→ Seite 7) zuführen. Es ist für die

Unter dem Schaumnest erfolgt die Paarung.

Pflanzen zwar schlecht, weil das Kohlendioxid aus dem Wasser ausgetrieben wird, aber Deine Fische sind jetzt wichtiger.

• Entsprechende Medikamente und Mineralien aus dem Zoofachhandel ins Wasser geben.

• Mindestens 1 Tag nicht füttern, am 2. Tag nur wenig Flocken, kein Frostfutter füttern.

Erst nach 3 Wochen kannst Du wieder zur normalen Pflege übergehen. Beobachte Dein Aquarium aber jeden Tag genau, ob alle Fische normal fressen. Es kann passieren, daß der eine oder andere Fisch und manche Pflanzen das Notprogramm nicht überleben. Tote Fische und abgestorbene Pflanzen mußt Du dann sofort aus dem Aquarium entfernen.

Mein Tip: Am besten läßt Du es gar nicht erst soweit kommen. Wenn Du Dein Aquarium immer regelmäßig und aufmerksam pflegst, wirst Du das Notprogramm nie anwenden müssen. Am besten hältst du Dich an den Pflege-Zeitplan (→ Seite 47), dann weißt Du immer, wann Du welche Arbeiten am Aquarium zu erledigen hast.

Pflegefehler und Pannen

Manchmal schleicht sich ein Fehler ein oder es passiert eine Panne. Hier nenne ich die häufigsten Fehler und Pannen und sage Dir, wie Du Dir selbst dabei behelfen kannst.

Wenn die Fische Futter verweigern
Fall 1: Fische nehmen zwar das Futter, spucken es aber wieder aus: Fische sind satt. 2 bis 3 Tage hungern lassen.
Fall 2: Fische kommen gar nicht ans Futter, sondern schwimmen langsamer oder stehen farblos in der Ecke: Wahrscheinlich ist die Wassertemperatur zu

niedrig. Heizer kontrollieren, eventuell ist der Stecker nicht eingesteckt. Wenn Heizer defekt, dann austauschen. Den neuen Heizer auf die augenblickliche Wassertemperatur einstellen und alle 2 Stunden um 2 °C höher stellen. Die Fische müssen sich erst langsam wieder an die richtige Temperatur gewöhnen. Auf keinen Fall warmes Wasser ins Aquarium schütten.

Wenn Putzmittel über den Wassereimer ins Aquarium gelangt sind
Sofort Filter abstellen, Wasser total austauschen und Aufbereitungsmittel zusetzen. Sauerstoffgehalt erhöhen, das erleichtert den Fischen das Atmen. Filter mit Kohle bestücken und 3 Tage über Kohle filtern. Danach in den Filter einen neuen Schaumstoff einsetzen und mit einer frischen Bakterienkultur (vom Zoofachhändler) »impfen«.

Wenn die Beleuchtungsdauer falsch eingestellt war
Fall 1: Pflanzen haben die Blätter an den Stengel »angelehnt«: Die Schaltuhr wieder neu einstellen. Eisendünger zugeben, Kohlendioxidgehalt erhöhen. Nach 3 bis 4 Tagen werden die Pflanzen sich wieder normal präsentieren.
Fall 2: Blätter der Pflanzen werden schmal, glasig und hart: Schaltuhr neu einstellen. Nach 5 bis 6 Tagen bildet die Pflanze neue, »normale« Blätter. Dann Eisendünger zugeben und Kohlendioxidgehalt erhöhen (→ CO_2-Diffusor, Seite 7). Nach 3 Wochen Pflanzen zurückschneiden. (→ Seite 47).

Wenn alle Fische an der Wasseroberfläche schwimmen
Fall 1: Die Fische atmen sehr schnell: Sofort Sauerstoffgehalt erhöhen. Heizer prüfen, ob er funktioniert. Wenn nicht, dann zum Zoofachhändler bringen. Dort Ersatzheizer besorgen.

<u>Fall 2:</u> Das Wasser riecht anders als sonst: Filter überprüfen, ob er noch genügend Wasser durchläßt. Falls nicht, Filtermaterial reinigen. Ein Drittel des Wassers austauschen, dabei Mulm und Futterreste absaugen (→ Seite 46), dem frischen Wasser Aufbereitungsmittel zugeben. Fische 3 Tage lang nicht füttern.

Wenn der Strom ausgefallen ist

Alle Stecker aus den Steckdose herausziehen, es könnte ein technisches Gerät kaputt sein. Mit einem Erwachsenen zusammen Sicherungen kontrollieren. Alle Geräte kontrollieren, ob sie noch funktionieren; kaputte Geräte ersetzen. Sauerstoffgehalt erhöhen. Fische 2 bis 3 Tage lang nicht füttern.

Wenn der Filter nicht mehr läuft

Gerätestecker ziehen, Filter säubern und den Motor mit Wasser gut durchspülen. Streikt der Filter weiter, dann Filter komplett zum Zoofachhändler bringen und zur Überprüfung dort lassen. Garantiekarte und Kassenzettel mitnehmen. Vielleicht bekommst Du dort ein Leihgerät, bis Dein Filter überprüft ist. In der Zwischenzeit Fische nicht füttern und Heizer abstellen (nur im geheizten Raum). Die Aquarientemperatur sinkt etwas ab, was die Fische jedoch nicht weiter stört. Vorsichtshalber Sauerstoffgehalt erhöhen.

Wenn die Wassertemperatur zu hoch ist

Im Hochsommer, wenn es sehr heiß ist, solltest Du versuchen, Dein Zimmer durch Abdunkeln kühl zu halten. Ansonsten kannst Du nur abwarten, bis die Wassertemperatur von selbst wieder sinkt. Vorsichtshalber Sauerstoffgehalt erhöhen.

Wenn das Aquarium undicht ist

Mit Filzschreiber anzeichnen, an welcher Stelle das Aquarium undicht ist. Aquarium leeren, Fische und Pflanzen in eine Wanne umsetzen, diese mit einem Tuch abdecken. Fische nicht füttern. Sauerstoffzufuhr durch Sprudelstein ist wichtig. Das Aquarium mit Garantiekarte und Kassenzettel zum Zoofachhändler bringen und zur Überprüfung dort lassen. Vielleicht kannst Du in der Zwischenzeit beim Zoofachhändler ein Aquarium ausleihen. Bei der Neueinrichtung des Aquariums gehst Du genauso vor wie beim Einrichten am Anfang (→ PRAXIS Einrichten, Seite 14 und 15).

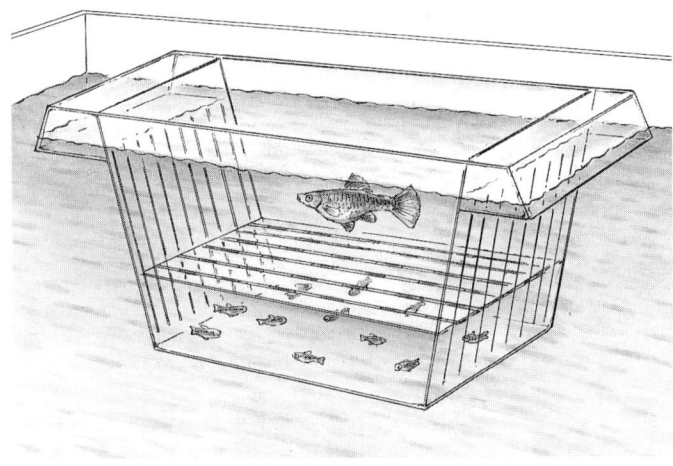

Der Guppytank schwimmt im Aquarium. Das Zwischengitter schützt die Jungfische davor, von der eigenen Mutter aufgefressen zu werden.

Beobachten und experimentieren

In einem Aquarium gibt es eine ganze Menge interessanter Dinge zu sehen. In diesem Kapitel findest Du ein paar Anleitungen, was Du alles erforschen und beobachten kannst. Außerdem gebe ich Dir Tips zum Experimentieren. Und ein Vorschlag zum Basteln ist auch dabei.

Wer sich ein bißchen Zeit nimmt, kann in einem Aquarium vieles entdecken und beobachten. Je besser man die Fische und ihr Verhalten kennt, desto mehr Spaß macht es, sich mit ihnen zu beschäftigen.

Die Geburt bei Fischen

Eines der spannendsten Erlebnisse im Aquarium ist die Geburt von Fischen. Normalerweise schlüpfen die Baby-Fische aus den Eiern (→ Geburt bei Kampffischen, rechts). Es gibt aber Fische, die lebende Junge auf die Welt bringen. Sie heißen deshalb auch Lebendgebärende. Zu ihnen gehören die Guppies.

Die Geburt bei Guppies
Guppies vermehren sich sehr leicht, deshalb kannst Du bei ihnen die Fischgeburt sehr gut beobachten.
Das brauchst Du dazu: Um alles von Anfang an genau mitzubekommen, setzt Du einen sogenannten »Guppytank« (aus dem Zoofachhandel) in Dein Aquarium. Das ist ein besonderer Brutkasten mit einem Zwischengitter im unteren Teil (→ Zeichnung, Seite 51). In den oberen Teil setzt Du ein trächtiges Guppy-Weibchen. Daß es trächtig ist, erkennst Du am Trächtigkeitsfleck am Hinterleib. Hier zeichnen sich die Eier mit den Jungen darin ab.
Das kannst Du beobachten: Bei der Geburt zerplatzt bei den Lebendgebärenden die Eihaut in dem Augenblick,

in dem das Ei ins freie Wasser »geboren« wird. Der Mini-Fisch sinkt durch das Zwischengitter in den unteren Teil des Brutkastens. Erst nach etwa einer Stunde kann er schwimmen. Das Zwischengitter ist wichtig, denn es trennt die Jungen von der Fischmutter. Sie hat keine Beziehung zu den Jungfischen und würde sie nur fressen. Sobald die Fischmutter keinen sichtbaren dunklen Fleck mehr am Bauch hat, fängst Du sie heraus und setzt sie wieder in das normale Aquarium. Die kleinen Fische bleiben noch im Guppytank.
Zuchtbecken einrichten: Anstatt eines Guppytanks kannst Du das Weibchen auch in einem Zuchtbecken ablaichen lassen (→ Zeichnung, Seite 54). Anschließend trennst Du das Weibchen von den Jungen durch eine Glasscheibe, die Du in das Becken stellst. So schützt Du die Jungen vor der Freßgier ihrer Mutter. In das Abteil der Jungen hängst Du einen Schwammfilter und einen Sprudelstein, die beide von einer Sauerstoffpumpe betrieben werden (→ Seite 7).

Die Geburt bei Kampffischen
Eine ganz »normale«, aber nicht minder spannende Fischgeburt gibt es bei den Kampffischen zu sehen. Dazu mußt Du Dir allerdings ein zweites, kleineres Aquarium als Zuchtbecken einrichten.
Das brauchst Du dazu: 1 kleines Aquarium mit 30 Litern Rauminhalt, 1 Abdeckung mit Beleuchtung, 1 kleine Sauerstoffpumpe, 1 kleinen Schwammfilter, 1 Regelheizer mit 50 Watt, 1 Klebethermometer und 2 Beutel Kies (Kör-

Smaragdpanzerwelse stöbern am Boden nach Futterresten.

nung 2 bis 3 mm). An Pflanzen empfehle ich: 1 Hornfarn als Schwimmpflanze, 1 Topf oder Bündel Kriechende Ludwigie oder Indischer Wasserfreund, 1 Stengel Großer Wasserfreund.

Das Zuchtbecken einrichten: Das Zuchtbecken richtest Du genauso ein, wie Dein großes Aquarium (→ PRAXIS Einrichten, Seite 14 und 15). Allerdings legst Du keine Dekoration auf den Kies, und Du gibst auch keinen Dünger für die Pflanzen zu. Die Wassertemperatur sollte 26 °C betragen.

Fische kaufen: 7 Tage, nachdem Du Dein Zuchtbecken eingerichtet hast, kaufst Du 2 bis 3 junge Kampffisch-Weibchen, die Du ins Zuchtbecken setzt (→ PRAXIS Kauf der Fische, Seite 18 und 19). Du fütterst die Weibchen 4 Wochen lang sehr abwechslungsreich mit roten Mückenlarven, Flocken und Vitaminen, bis sie richtig kräftig sind

(→ PRAXIS Richtig füttern, Seite 34 und 35). Nach 4 Wochen setzt Du ein voll entwickeltes Kampffisch-Männchen dazu. Achte darauf, daß das Männchen schön groß ist und nicht zu lange Flossen hat, sonst ist es vielleicht schon zu alt. Nun erhöhst Du die Wassertemperatur pro Tag um jeweils 1 °C, bis 30 °C erreicht sind.

Jetzt wird's spannend: Das Männchen wird binnen 6 bis 8 Stunden ein großes Schaumnest an der Wasseroberfläche bauen und sich eines der Weibchen aussuchen. Die anderen Weibchen fängst Du nun besser heraus und setzt sie in Dein großes Aquarium. Nimm Dir in den nächsten Tagen viel Zeit zum Beobachten. Du wirst sehen, wie die Eier zu Boden fallen und vom Männchen befruchtet werden. Es sammelt alle Eier liebevoll ein und spuckt sie einzeln ins Schaumnest. Dort kannst Du sie zählen. Bald siehst Du, wie die Jungen ausschlüpfen. Der Vater pflegt sie, bis sie frei schwimmen können. So lange »repariert« er immer wieder das Schaumnest, damit die Jungen nicht herausfallen. Dann erlischt der Bruttrieb des Vaters. Du fängst ihn jetzt besser heraus, sonst frißt er seine Jungen auf. Diese bleiben vorläufig noch im Zuchtbecken.

Die Geburt bei Zwergfadenfischen

Beim Zwergfadenfisch läßt sich gut beobachten, wie sich die Jungfische langsam zu erwachsenen Fischen entwickeln.

<u>Das brauchst Du dazu:</u> Die gleiche Ausstattung wie bei der Zucht von Kampffischen (→ Seite 52).

<u>Das kannst Du beobachten:</u> Halte zwei Zwergfadenfisch-Paare im Zuchtbecken. Jedes Paar baut sich ein Schaumnest, in das die Eier hineingespuckt werden. Das ist der einzige Dienst der Eltern an ihrem Nachwuchs. Anschließend kümmern sie sich nicht weiter um ihre Jungen. Du solltest sie deshalb aus dem Zuchtbecken herausnehmen.

Wenn die Jungfische aus den Eiern schlüpfen, sind sie etwa 2 mm groß. Sie können sofort schwimmen. Aber wenn Du genau hinsiehst, wirst Du bemerken, daß sie auf dem Rücken schwimmen und von einer Fettblase getragen werden. Diese Fettblase ist ein leuchtend gelber Fleck, der aussieht wie ein Eidotter. Und tatsächlich ernähren sich die Jungfische in den ersten Tagen von der Fettblase und wachsen bis auf die doppelte Größe heran. Sobald die Fettblase aufgefressen ist, drehen sich die kleinen Fische auf den Bauch und schwimmen »richtig«. Nun mußt Du ihre Ernährung übernehmen. Am besten fütterst Du sie mit selbstgezüchteten Salinenkrebsen (→ Seite 56).

Die Brutpflege bei Fischen

Du hast nun gesehen, wie kleine Fische auf die Welt kommen. Viele Fische interessieren sich nach der Geburt nicht mehr für ihre Jungen, ja, fressen sogar ihren eigenen Nachwuchs auf, wenn man ihn nicht von den Eltern trennt. Aber es gibt auch andere, die sich sehr fürsorglich um ihre Jungen kümmern. Man sagt dazu auch: Die Fische betreiben Brutpflege. Dabei haben Mutter und Vater feste Aufgaben. Das kannst Du beobachten, wenn Du die entsprechenden Fischarten züchtest, die ihre Brut pflegen.

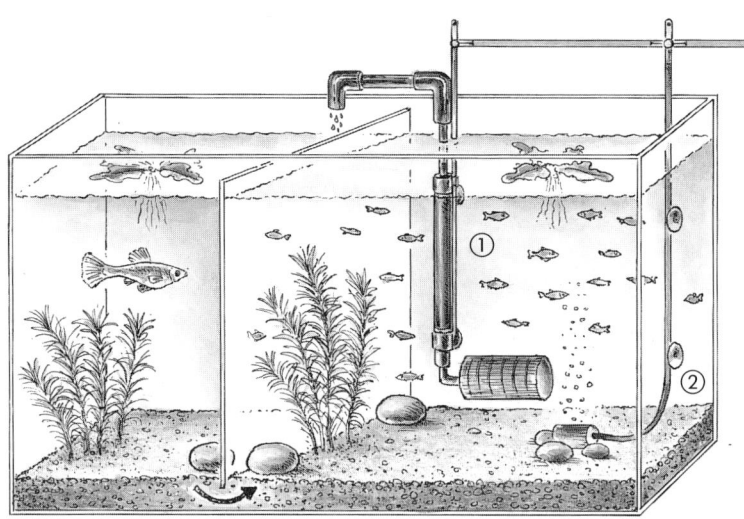

Zuchtbecken mit Schaumstoff-Filter ① und Sprudelstein ②. Eine ins Becken gestellte Glasscheibe trennt die Guppy-Mutter von ihren Jungen.

Brutpflege beim Purpurprachtbarsch

Diese Fische leben wie in einer richtigen Familie. Wenn Du sie züchtest, kannst Du das Brutpflegeverhalten gut beobachten.

Das brauchst Du dazu: Du benötigst die gleiche Ausrüstung wie bei der Zucht von Kampffischen (→ Seite 52). Zusätzlich an Dekoration brauchst Du 1 kleine Moorkienwurzel, 3 Steine, 5 bis 7 cm groß, und 1 Ton- oder Keramikhöhle. An Pflanzen empfehle ich Dir 1 Hornfarn als Schwimmpflanze, 1 Topf Javafarn, 1 Topf Zwergspeerblatt, 1 Bündel Javamoos und 1 Bündel Kriechende Ludwigie. Das Zuchtbecken richtest Du genauso ein wie bei den Kampffischen (→ Seite 52).

Das kannst Du beobachten: Wenn das Weibchen im Körper genügend Eier gebildet hat, zeigt es das mit seinem leuchtend roten Bauchfleck an. Das Männchen schwimmt dann fast auf der Seite liegend quer vor das Weibchen. Es zeigt ihm dabei seinen dunklen Eifleck an der abgespreizten Rückenflosse. Das heißt dann soviel wie »Komm mit mir und laß uns eine Familie gründen«. Das Männchen lockt das Weibchen in die Höhle. Dort klebt das Weibchen die Eier an die Höhlendecke. Erst dort werden sie vom Männchen befruchtet. Nach etwa 36 Stunden schlüpfen 200 bis 300 Jungfische aus. Sie bilden einen Schwarm und werden von Vater und Mutter gemeinsam gepflegt. Vaters Aufgabe ist es, gut auf seine Jungen aufzupassen. Er würde jeden anderen Fisch angreifen, der seinem Nachwuchs zu nahe käme. Mutter führt die Jungen vor die Höhle und zeigt ihnen, wo sie etwas zu fressen finden.

Wenn die Eltern den Schwarm nicht mehr zusammenhalten können, kannst Du sie herausnehmen. Die Jungen sind jetzt selbständig.

Brutpflege beim Kleinen Maulbrüter

Bei den Maulbrütern geht die Brutpflege noch weiter. Du wirst staunen, was sich die Fische »ausgedacht« haben, um ihre Jungen zu schützen.

Das brauchst Du dazu: Die gleiche Ausrüstung wie bei der Zucht von Kampffischen (→ Seite 52).

Das kannst Du beobachten: Das Männchen, das auf der Seite schwimmt, lockt das Weibchen mit zitternden Bewegungen in eine vorher ausgewählte Kuhle im Kies, die meist zwischen 2 Kieselsteinen liegt. Dann legt sich das Männchen flach hin. Das heißt soviel wie »Hier ist es richtig, hier möchte ich, daß du die Eier hinlegst, damit ich sie befruchten kann«. Das Weibchen legt daraufhin die Eier in die Kuhle, das Männchen gibt unter starkem Zittern (mit allen Flossen) seinen Samen über die Eier. Da der zukünftige Vater nicht bei der Pflege hilft, solltest Du ihn anschließend aus dem Zuchtbecken herausnehmen.

Jetzt wird's spannend: Gleich sieht es so aus, als ob das Weibchen die Eier frißt. Es nimmt sie mit dem Samen ins Maul und behält sie dort. In den nächsten 10 Tagen wirst Du sehen, daß der Kopf des Weibchens immer größer, der Körper aber immer schmaler zu werden scheint. Das »kleine Wunder« spielt sich nämlich ganz im Verborgenen ab. Du bemerkst nur, daß das Weibchen nicht mehr frißt. Nach etwa 10 Tagen schlüpfen unbemerkt im Maul der Mutter ungefähr 50 Jungfische. Du siehst sie erst, wenn die Mutter sie in einer ruhigen Ecke im Aquarium zum ersten Mal herausläßt. Die Jungfische bleiben immer in der Nähe der Maulöffnung. Etwa 8 Tage lang flüchten sie sich bei der geringsten Gefahr immer wieder ins Maul der Mutter zurück (→ Zeichnung, Seite 30). Auf diese Weise werden sie vor möglichen Freßfeinden geschützt.

Salinenkrebse züchten

Fischnachwuchs ernährst Du am besten mit Salinenkrebsen (lateinisch Artemia), die Du selber züchten kannst.

Das brauchst Du dazu: 3 weiße, durchsichtige Glasflaschen mit 0,75 Liter; 3 passende Korken mit je 2 Löchern; 1 Endhahn (→ Lufthähne, Seite 8); 3 jeweils etwa 70 cm lange Luftschlauch-Stücke; 1 Sauerstoffpumpe; 3 Sprudelsteine, die durch den Flaschenhals passen; 1 Packung Seesalz (kein Jodsalz); Artemia-Eier und 1 Artemia-Siebsalz (alles aus dem Zoofachhandel).

So wird's gemacht: Stelle die 3 Flaschen nebeneinander in die Nähe der Heizung, da die Krebschen nur bei einer Wassertemperatur von 26 °C schlüpfen können. In jede Flasche steckst Du nun einen Sprudelstein, der an einem Stück Schlauch hängt. Eines der 3 freien Schlauchenden verbindest Du mit dem Endhahn, der mit der Sauerstoffpumpe verbunden ist und die Stärke des Luftstroms reguliert. Die übrigen freien Schlauchenden steckst Du jeweils durch das freie Loch im

Korken der nebenstehenden Flasche, so daß sie etwa 2 cm in die Flaschen hineinreichen. Damit wird der Druck aus einer Flasche übernommen und über den Schlauch in den Sprudelstein der nächsten Flasche geleitet. Bei der letzten Flasche entweicht der Überdruck durch das freie Loch im Korken. Da Du stets nur ganz wenig frisch geschlüpfte Krebschen brauchst, setzt Du pro Tag immer nur eine Flasche an. Du füllst sie mit 0,5 Liter handwarmem Wasser, 30 Gramm Salz (das ergibt einen Salzgehalt von 6 Prozent und ist wie Meerwasser) sowie mit den Artemia-Eiern. Mit dem Hahn läßt Du über den Sprudelstein so viel Luft in die Flasche, daß die Eier richtig durchgewirbelt werden. Am nächsten Tag setzt Du die nächste Flasche an und so fort. Innerhalb von 36 Stunden schlüpfen die kleinen Krebse. Nun gießt Du den Flascheninhalt durch den Artemia-Siebsatz in ein Gefäß. So trennst Du die Eierschalen von den Krebsen. Wasser und Schalen gibst Du weg, die Krebschen verfütterst Du sofort.

 **Beobachten und staunen**
Die Welt im Wassertropfen
Vielleicht warst Du einmal beim Füttern nicht so genau wie sonst. Dann könnte Dir eines Tages folgendes auffallen: Du schaltest am Morgen das Licht im Aquarium ein, und alles ist zunächst wie immer. Nach einer Stunde entdeckst Du aber unter der Abdeckung eine kleine milchigtrübe Wolke. Wenn Du ein Mikroskop nimmst, wirst Du viele verschiedene winzigkleine Tierchen sehen, die alle zum Licht wollen. Es sind Pantoffeltierchen, Rädertierchen und Geißeltierchen. Du kannst die Tierchen in jedem Wassertropfen finden, selbst wenn das Wasser glasklar erscheint. Die Tierchen sind dann nur nicht so zahlreich.

Beeindruckend: der Kopf des Antennenwelses.

Die farbenfrohen Kardinalfische haben einen deutlich ausgeprägten Neonstreifen.

Bastelvorschlag Dosenlupe

Um Jungfische und andere kleine Tiere in Deinem Aquarium besser zu sehen, kannst Du Dir eine Lupe selber basteln. Dazu nimmst Du eine größere leere Dose und läßt Dir von Deinen Eltern den Boden der Dose wegmachen. Nun hast Du eine Röhre. Auf der einen Seite ziehst Du eine Klarsichtfolie straff über die Ränder und befestigst sie mit einem Gummiband. Fertig ist die Lupe. Wenn Du sie mit der Folienseite nach unten ins Wasser hältst und durch die andere Seite schaust, siehst Du alles im Aquarium vergrößert (→ Zeichnung, Seite 59).

Schnecken im Aquarium

Außer den Fischen und den kleinen Pantoffeltierchen kannst Du auch noch andere Tiere in Deinem Aquarium finden, so zum Beispiel Schnecken. Vielleicht entdeckst Du eines Tages einmal an einer Glasscheibe oder einem Blatt einen schleimigen Belag, der sich mit dem Finger nicht so leicht wegkratzen läßt. Dann hast Du mit Sicherheit einen Schneckenlaich gefunden, aus dem sich die jungen Schnecken entwickeln. Wie das vor sich geht, kannst du gut beobachten.

<u>So wird's gemacht:</u> Du schneidest das Blatt mit dem Laich ab und legst es in den schon beschriebenen Guppytank (→ Seite 52). Nach einiger Zeit erkennst Du kleine rote Punkte, die immer größer werden. Es sind meist rote Posthornschnecken. Wenn Du ihnen alle 5 Tage eine Futtertablette gibst, werden sie schnell heranwachsen. Dann kannst Du sie in Dein großes Aquarium umsetzen. Du mußt nur aufpassen, daß nicht zu viele Schnecken im Aquarium sind (→ Seite 48).

Kleines Lexikon

Hier im kleinen Lexikon findest Du die wichtigsten Begriffe rund ums Aquarium erklärt. Darunter sind auch Fachwörter, die auf Futterdosen oder Medikamenten angegeben sind.

Ableger
Jungpflanzen, die von der Mutterpflanze wegwachsen.

Artemia
Salinenkrebschen; sie eignen sich gut als Aufzuchtfutter für Jungfische.

Assimilieren
Die Pflanzen stellen in den grünen Pflanzenteilen aus Wasser und Kohlendioxid die Stoffe her, die sie zum Wachstum brauchen.

Bakterien
Einzellige Kleinstlebewesen, die im Aquarium im Filter, im Boden und im Wasser sind; sie bauen die Abfallstoffe der Fische und faulende Futter- und Pflanzenreste ab.

Blattachsel
Der Punkt, an dem das Blatt aus dem Stengel wächst.

Brutpflege
Die Fischeltern kümmern sich um ihre Jungen. Sie führen sie zum Fressen und beschützen sie gegen Feinde.

Depotdünger
Dünger, der meist mit einer Gelatineschicht umgeben ist und die Nährstoffe dadurch über einen längeren Zeitraum verteilt abgibt.

Depotfutter
Futter, das über einen längeren Zeitraum verteilt freigegeben wird; kann gut verfüttert werden, wenn Du einmal ein paar Tage nicht zu Hause bist.

Ektoparasiten
Krankheitserreger, meist Pilze und Schmarotzer, die auf der Schleimhaut der Fische sitzen.

Entoparasiten
Krankheitserreger, meist Würmer und Schmarotzer, die in der Haut oder im Körper der Fische sitzen.

Fungi...
Begriffe mit diesem Wortteil deuten auf Pilze hin.

Gerbsäure
= Huminsäure; sie macht das Wasser sauer und färbt es leicht gelb.

Gonopodium
Männliches Geschlechtsteil bei den Lebendgebärenden Zahnkarpfen.

GS
Abkürzung für »Geprüfte Sicherheit«. Ein elektrisches Gerät, das diese Abkürzung trägt, wurde von Fachleuten auf seine Sicherheit geprüft.

Guppytank
Aufzuchtbehälter, in dem die Weibchen ablaichen und die Jungtiere durch einen Rost zu Boden sinken. So werden sie von der Mutter getrennt.

Huminsäure
→ Gerbsäure

Ichthy
Abkürzung für *Ichthyophtirius*; das ist der Krankheitserreger der Pünktchenkrankheit.

Labyrinth
Ein zusätzliches Atmungsorgan bei den Labyrinthfischen, mit dem sie aus der Luft Sauerstoff gewinnen können.

Laich
Eigelege der Fische

laichen
Eier ablegen

Laichfleck
= Trächtigkeitsfleck; dunkler Eifleck am Hinterleib bei den Weibchen der Lebendgebärenden Zahnkarpfen. Die befruchteten Eier mit den Jungen darin scheinen durch die Haut des Fisches durch.

Mutterpflanze
große, kräftige Pflanze mit Ablegern

Photosynthese
Bei Tag betreiben Pflanzen die Photosynthese. Mit der Energie von Licht wandeln sie Kohlendioxid und Wasser in Stoffe um, die sie zum Wachstum brauchen. Dabei wird, gewissermaßen als »Abfallprodukt«, Sauerstoff freigesetzt.

Mit der selbstgebastelten Dosenlupe kann man die Aquarienbewohner noch deutlicher betrachten.

pH-Wert
Säuregehalt des Wassers; er gibt an, ob das Wasser sauer oder basisch ist. Der ph-Wert kann mit einer Meßflüssigkeit (aus dem Zoofachhandel) gemessen werden.

Rhizom
Wurzelform, bei der sich aus jeder Blattachsel eine komplette Pflanze entwickeln kann. Erst kommt das Blatt, dann die Wurzel.

Salinenkrebse
→ Artemia

Schaumnest
Labyrinth- oder Fadenfische bauen es an der Wasseroberfläche und legen darin ihre Eier ab.

Schwarm
Viele Fische, die zusammenschwimmen, bilden einen Schwarm, zum Beispiel Salmler oder Barben. Im Schwarm finden sie Schutz vor Freßfeinden.

Schwimmblase
Damit kann der Fisch im Wasser schweben und sich ohne Flossenschlag nach oben oder unten bewegen.

Seitenlinie
Eine Art »Radar« an beiden Körperseiten eines Fisches vom Kopf bis zur Schwanzwurzel. Mit Hilfe der Seitenlinie können Fische Entfernungen zu Gegenständen und anderen Fischen einschätzen. Damit wird es auch möglich, daß Fische im Schwarm schwimmen, ohne aneinander zu stoßen.

Thermometer
Temperaturmeßgerät, mit dem regelmäßig die Wassertemperatur im Aquarium geprüft werden sollte.

Thermostat
Temperaturregler, mit dem an der Heizung eine bestimmte Temperatur eingestellt werden kann.

Tochterpflanze
Ableger, bei dem zuerst die Blätter und dann die Wurzeln kommen.

trächtig
Eier im Leib tragend

Trächtigkeitsfleck
→ Laichfleck

VDE
Abkürzung für Verband Deutscher Elektrotechniker. Die Buchstaben geben an, daß ein elektrisches Gerät von Fachleuten auf seine Sicherheit geprüft wurde.

verkapseln
sich abschließen gegen äußere Einflüsse

Volt
Stromspannung

Watt
Stromverbrauch eines elektrischen Gerätes

Zuchtbecken
Separates Aquarium, in dem Fische zum Ablaichen eingesetzt werden. Im Zuchtbecken können später dann die Jungfische soweit aufgezogen werden, bis sie von erwachsenen Fischen nicht mehr gefressen werden.

Sachregister

Die **halbfett** gesetzten Seitenzahlen verweisen auf Farbfotos und Zeichnungen. U = Umschlagseite.

Aus Liebe und Verantwortung

Heimtiere machen nicht nur Kindern, sondern der ganzen Familie viel Freude. Und ob Hund, Hamster oder Wellensittich – wer sich einmal an den kleinen Liebling gewöhnt hat, möchte ihn nicht mehr missen. Deshalb ist es wichtig, über die Bedürfnisse der Tiere wirklich Bescheid zu wissen. Die **GU Tier-Ratgeber** – von anerkannten Autoren geschrieben – sind ideal als Helfer bei der artgerechten Haltung mit Herz und Verstand. GU Ratgeber gibt es zu allen beliebten Tierarten. Sie sind auch für Kinder geeignet, die ihr Tier selbst versorgen wollen.

Änderungen und Irrtum vorbehalten.

Adressen

Vereine
Verband Deutscher Vereine für Aquarien- und Terrarienkunde e.V. (VDA). Luxemburger Str. 16, 44789 Bochum
Hinweis: Der VDA gibt Auskunft über aktuelle Adressen von Aquarienverbänden in Deinem Wohnbereich und hilft weiter bei der Vermittlung von Kontakten (zum Beispiel Hilfe bei Fischkrankheiten).

Bundesverband für fachgerechten Natur- und Artenschutz e.V. (BNA), Postfach 11 10, 76707 Hambrücken
Hinweis: Dachverband der Vereine und Verbände der privaten Tierhalter. Vertritt deren Interessen vor allem bei Belangen der Artenschutzgesetzgebung.

Österreichischer Verband für Vivaristik und Ökologie, Landesverband Niederösterreich, Langenlebarnerstr. 50, A-3430 Tulln.

Verband Zoologischer Fachgeschäfte der Schweiz VZFS, Güterstr. 100, CH-4053 Basel.

Fragen zur Aquaristik beantworten
Dein Zoofachhändler und der Zentralverband Zoologischer Fachbetriebe Deutschlands e.V., 63225 Langen, Tel. 06103/ 910732 (nur telefonische Auskunft möglich).

Das Panzerwels-Paar hat sich als Versteck eine schöne Höhle ausgesucht.

Bücher

(falls nicht im Buchhandel, dann in Bibliotheken erhältlich)

Bassleer, G.: *Bildatlas der Fischkrankheiten.* Verlag Neumann-Neudamm, Melsungen.

Hieronimus, Harro: *Guppy, Platy, Molly und andere Lebendgebärende.* Gräfe und Unzer Verlag, München.

Jauch, Dieter: *Goldfische und Kois in Aquarium und Gartenteich.* Gräfe und Unzer Verlag, München.

Riehl, Rüdiger; Baensch, Hans: *Aquarien-Atlas, Band 1-3.* Mergus Verlag, Melle.

Scheurmann, Ines: *Pflanzen fürs Aquarium.* Gräfe und Unzer Verlag, München.

Schliewen, Ulrich: *Wasserwelt Aquarium.* Gräfe und Unzer Verlag, München.

Zeitschriften

DATZ (vereinigt mit aquarien-magazin) Aquarien- und Terrarien-Zeitschrift. Eugen Ulmer Verlag GmbH & Co, Postfach 70 05 61, 70574 Stuttgart.

Das Aquarium Birgit Schmettkamp Verlag, Postfach, Bornheim.

Aquarium heute Aquadocumenta Verlag GmbH, Gildemeisterstr. 90, 33689 Bielefeld.

TI Magazin Tetra Verlag, Tetra Werke, Herrenteich 78, 49304 Melle.

Wichtige Hinweise an die Eltern

In diesem Buch sind elektrische Geräte für die Aquarienpflege beschrieben. Beachten Sie unbedingt die Hinweise auf Seite 11, da andernfalls schwerwiegende Unfälle passieren können.

Wasserschäden durch Glasbruch, Überlaufen oder Leckwerden des Beckens können nicht immer vermieden werden. Schließen Sie daher unbedingt eine Versicherung ab.

Achten Sie streng darauf, daß Kinder oder auch Erwachsene Aquarienpflanzen nicht essen. Es können erhebliche gesundheitliche Störungen eintreten. Fischmedikamente sind vor Kindern zu sichern.

Man kann sich am Unteraugenstachel von Schmerlen und an den Flossenstacheln einiger Welsarten verletzen. Da diese Stichverletzungen allergische Reaktionen auslösen können, muß unbedingt sofort zum Arzt gegangen werden.

Der Autor

Peter Stadelmann ist langjähriger GU Autor. Er ist Zoofachhändler sowie Ausbilder und Prüfer der Kaufleute des Zoofachhandels bei der Industrie- und Handelskammer in Nürnberg. Seit vielen Jahren liegt ihm die Aquaristik besonders am Herzen.

Die Fotografen

Hartl: S. 12, 25 u.re.; Kahl: S. U2/1, 13, 21, 24/25 o., 33, 37, 40 o.re., mi.li., u.li., u.mi., u.re., 53, 57; Kasselmann: S. 40 o.li.; Linke: S. 4, 5, 17, 20, 24 mi.li., 25 o.re., mi.re., u.li., 29 u., 36, 48, U4; Nieuwenhuizen: S. 16, 24 o.li., 29 o., mi., 44, 45, 56, 64/U3; Reinhard: S. 24 u.li., u.re.; Sommer: S. 49; Spreinat: S. 32; Steimer: S. U1, 9.

Der Zeichner

Peter Fischer hat Grafik-Design in Wuppertal studiert und arbeitet seit 1976 als freier Illustrator für Zeitschriften, Buchverlage und Werbeagenturen. Einen Schwerpunkt seiner Arbeit bildet unter anderem die Illustration von Tier- und Kochbüchern.

Die Fotos auf dem Buchumschlag

Umschlagvorderseite: Der Junge hat vor, ein trächtiges Guppy-Weibchen mit dem Fischnetz herauszufangen.
Umschlagrückseite: Ein Schmetterlingsbuntbarsch-Paar bewacht sein Gelege.

Redaktion: Gerda Killer, Peter Völk
Zeichnungen: Peter Fischer
Umschlaggestaltung: Heinz Kraxenberger
Herstellung und Satz: Michael Bauer, Weißenfeld
Reproduktion: Penta, München
Produktion: Eva Hehemann
Druck und Bindung: Stürtz, Würzburg

ISBN 3-7742-2621-0

Auflage 5. 4. 3. 2. 1.
Jahr 2000 99 98 97 96

Die Panzerwelse sind die »Gesundheitspolizei« in einem Gesellschaftsaquarium. Mit ihren Barteln suchen sie Bodengrund, Steine, Wurzeln und Pflanzen nach Futterrückständen und anderen freßbaren Dingen ab. So helfen sie zu vermeiden, daß die Futterreste faulen und die Wasserqualität verderben.